『シン・エヴァンゲリオン』を読み解く　目次

エヴァの呪縛、その成立と解放　斎藤 環　004

ポストカタストロフの新景観　五十嵐太郎　022

『シン・エヴァンゲリオン劇場版𝄇』は模型のアニメである　松下哲也　036

『シン・エヴァンゲリオン劇場版𝄇』に見られる「特撮表現」　坂口将史　053

物語の外側へ
——宇多田ヒカルと真希波・マリ・イラストリアス　伏見 瞬　068

ハーフ美少女、アスカ　西田 藍　082

エヴァの呪縛に中指を突き立てる
——『シン・エヴァンゲリオン劇場版𝄇』にみる成長の主題　久保 豊　090

初恋の喪失と、ありがとう、さようなら。『シン・エヴァ』が描いた〝成長〟 照沼健太 110

さよならの向こう側
——〈説明不足〉の象徴としての宇部、あるいは〈情報過剰〉アダプテーション 高島雄哉 123

世界が殺した人たち 最果タヒ 142

『シン・エヴァンゲリオン』とポストフェミニズム 近藤銀河 147

宇宙物理学的観点からみた庵野秀明の死の問題とエヴァンゲリオンの継承 藤田祥平 161

ネビュラ・スライス・ギムレット ふぢのやまい 174

アニメーション・エヴァンゲリオン
——動くもののポエジー 難波優輝 188

著者一覧 206

ブックデザイン 桐畑恭子

エヴァの呪縛、その成立と解放

斎藤 環

予見、あるいは昔話

誰も指摘してくれないので自分で言うが、私は二〇一三年の時点で、『シン・エヴァンゲリオン劇場版』のラストシーンを予見していた。以下にそのくだりを引用する。

> キャラの外部、物語の外部、作者の外部に視点を拡張（パン）すること。映画「幕末太陽伝」（ただし構想段階のシナリオ）や「蒲田行進曲」がそうだったように。欲望の相対性そのものを暴露しつつ同時に外部へと向かうこと。あたかも「歴史の天使」（ベンヤミン）のように、物語を見すえながらも未来へと吹き飛ばされていくカメラによって、エヴァという物語に真の意味でのメタレベルを与えること。（中略）そのときエヴァは、妥協とも成熟とも治癒とも手を切った「メタ・ビルドゥングスロマン」として完結し、伝説は上書きされることになるはずだ。（『承認をめぐる病』日本評論社、二〇一三年）

どうだろうか。この記述は「シン・エヴァ」のラスト、宇部新川駅の空撮シーンをまるで予見していたとしか思えないではないか。自分でもびっくりである。実はこのイメージは、単なる思いつきなどではなく、論理的推論の帰結として生じたものであり、その意味では私のエヴァ解釈の正当性を保証するものと考えても差し支えあるまい。

……とまあ、そういった半笑いの与太話はともかくとして、『新世紀エヴァンゲリオン』はきわめつきの特異な物語である。本作はある種の必然性のもとで、メタ・ビルドゥングスロマンとしてのサーガという、ほとんど前代未聞の作品として成立し、いささか強引ながらも完結してしまった。

およそ四半世紀という年月をかけて、一つの物語が巨大な私小説的——としか言いようのない——虚構フィールドを形成し、作家の苦闘と蹉《さ》跌《てつ》と成長の過程を百万単位のファンが注視し続けた。賭けてもいいが、こんな現象は前代未聞だし、ほぼ確実に絶後でもあるだろう。なぜなら本作は、九〇年代後半からの四半世紀という、メディア史的にもきわめて特異な時代背景抜きには成立し得ない作品であったからだ。この点については後述する。

エヴァという作品はしばしば、その「謎」の難解さばかりが強調されてきた。むしろ、得体の知れない謎の魅力、あるいは「謎解きの語り」の魅力ゆえに人々を惹きつけた物語、とすら思われてきたふしがある。しかし私は、その解釈に半分しか同意できない。なぜならエヴァは、難解なガジェットに埋め尽くされつつも、その世界観とキャラクターの佇まいはきわめて「わかりやすい」作品でもあるからだ。

率直に言えば、私は必ずしもエヴァンゲリオン・シリーズの熱心なファンではなかった。そもそも主人公の碇シンジにまるで共感できないし、アスカやレイに「萌え」た覚えもない。にもかかわらず、私はこの作品がテレビ放映された九〇年代後半から現在に至るまで、シリーズの全作品をほぼリアルタイムで鑑賞してきた。「ほぼ」と言うのは、テレビシリーズのみビデオで鑑賞したからだ。

　それにしてもテレビ放映直後のエヴァ・ブームは凄まじかった。当時アニメを観る習慣のなかった私の耳にも、『新世紀エヴァンゲリオン』がすごいらしい、という評判は頻繁に届いていた。たしか『現代思想』の編集後記にもエヴァの名前が登場しており、その声望はあきらかにオタク圏外にも轟いていた。それでも私は本作を積極的に観ようとはしなかった。「いかつい熟語＋謎の横文字」という、いかにも九〇年代アニメっぽいタイトルだけで、何となく敬遠していたのだ。どうでもいいことだが、ご覧の通り私はもともとオタク圏外の人間である。そう正直に告白しても一般人は「オタクはみんなそう言うんだ」とか言って信じてくれないので、あらためて念を押しておく。私は「オタクの欲望」の観察と分析を愛してやまないが、およそオタクを名乗れる人間ではない。

　閑話休題、エヴァとは縁がなかった私のもとに、なぜか雑誌『STUDIO VOICE』からエヴァ論の依頼があり、その資料として大量のビデオが送られてきた。私はそれを一気に鑑賞し、感動と言うよりはひどく感心した。本作は幼児期から膨大なアニメ・漫画・特撮を心の糧として生きてきた同世代人が、ありったけの趣味嗜好（＋ハッタリ）を詰め込んだ傑作だった。通しで観たのは一度きりだったにもかかわらず、主要なシーンやセリフは心に刻まれ、サブカルの基礎教養として血肉化した。先述の通り、キャラクターに感情移入はできなかったが、その造形はあまりにも斬新だった。さらに言えば、この特異なキャラクター群像が、なぜ若い世代にこれほど受け容れられているのか、その点にも強い興味を覚えた。

　おりしもテレビシリーズの最終二話がたいへんな物議を醸していた。例の「おめでとう」エンドである。大塚英志による「自己啓発セミナー」との批判はあまりにも有名だが、その大塚も「シン・エヴァ」については「作品自体が監督の自己治癒だったのでは」と、意外なほど好意的な評価をしているようだ（「エヴァンゲリオン、25年目の完結　現代の分断社会予見」 https://style.nikkei.com/article/DGXKZO68248630Y1A110C2BE0P00/　ただし、公開前のインタビュー）。

その一方で、エヴァは第一世代オタクにはおおむね不評だった。総じて「ロボットアニメのくせに痛快さが足りない、うじうじしている」という批判が多かった。もっともエヴァは、その「うじうじ」ぶりこそが本質なので、そこに共感していた漫画評論家の伊藤剛が「エヴァ＝ザ・スミス」という斬新な擁護論を主張して一部界隈で物議を醸し、裁判沙汰にまで発展した経緯を懐かしく思い出す方もおられよう。ことほどさように、エヴァは最初から「社会現象」だったのである。

ちなみに例の最終二話について、私にはさしたる違和感はなかった。むしろ、ある意味で自然な終わり方に思われた。その理由については、くだんの『STUDIO VOICE』の論考などに記したが、要は本作がサービス精神溢れる作家の私小説的メタ・フィクションである以上、作品の終わりが象徴的な自己救済のイメージで終わることは、いかにも「ありそうな話」と感じられたからである。この件については、貞本義行の次のような証言もある。

「最終話で、結局、どうしたらいいって（庵野さんが）聞いてくるから、『逃げたらダメだ』っていう他人が『逃げてもいいよ』って言われたら、たいていの人は楽になって、気持ちいいよって答えたんですよ」（竹熊健太郎・編『庵野秀明 パラノ・エヴァンゲリオン』太田出版）。つまり、件の「おめでとう」エンドは、貞本のこの助言を素直に聞き入れて、庵野自身が「逃げること」を肯定すべく作られた回だったのだ。

そう、繰り返すがエヴァは庵野秀明の「私小説」だった。そこには庵野自身の内面世界が如実に反映されており、この要素なくして、エヴァはこれほどの人気作品たり得なかった。キャラへの感情移入は、庵野自身への感情移入と区別がつかないものだった。エヴァ後に作られたエヴァもどきの作品群に欠けていたのは、まさにこの要素だった。思えば九〇年代からゼロ年代にかけて、ライトノベル業界ではこうした作品がしばしば見受けられた。その代表的な作家としては、佐藤友哉、滝本竜彦などがいる。彼らの作品は純然たるフィクションでありながら、まるで彼ら自身の分身のようでもあった。私小説と言えば太宰治のように、作家自身の生活や苦悩を一人称でリアルに記述した（かのような）小説、と思い込んでいた私は、彼らの登場にショックを受けた。ファンタジー形式による私小説とは！　彼らは言わば、作品への自己投影のスタイルに変革をもたらしたのだ。

　エヴァはしばしば「セカイ系」の元祖の一つと目されるが、セカイ系とは基本的に、複雑で重層的な世界設定と、シンプルなキャラ造形とその関係性という組み合わせから成立する。近年でこの傾向がもっとも顕著にみてとれた作品としては『魔法少女まどか☆マギカ』を挙げておけば十分だろう。「セカイ系」批判として、しばしばそこに「社会」が存在しないことが指摘されるが、これはむしろ当然だ。セカイ系作品が、キャラクター間の関係や葛藤が「世界」と無媒介に結びついてしまうような作品を指すならば、「社会」などという夾雑物は不要、ないしは邪魔ということになるのだから。

　別の言い方をするならば、「世界」も「キャラ」も、作家の直接的な自己愛の産物である。ラカンによる三界区分を比喩的にあてはめるなら、「世界」と「キャラ」は想像界に、「社会」は象徴界に位置づけられる。ここで想像界は、ほぼ完全に自己愛のフィールドと考えて差し支えない。それゆえ「社会」を排した「セカイ系」作品ほど、作家の純粋な自己投影が容易になるのだ。ここにファンタジーと私小説を通底させる特異な回路がある。

　とはいえ、本当にエヴァには「社会」がなかったか、といえば、ことはそう単純な問題ではない。例えば旧劇場版にこめられていたのは、オタクに現実回帰を強く命ずるトラウマ的なメッセージだった。一方「シン・エヴァ」では、現実回帰が誘惑もしくは希望として示されているように見える。まだ終末幻想の残滓がくすぶっていた旧劇と、３・11後、コロナ禍渦中で公開された「シン・エヴァ」とでは、作品のムードそのものもがらりと変わる。つまりこういうことだ。「セカイ系」作品内に「社会」はないが、そこに投影された「作家の自己」を媒介として、作品は愚直なまでに社会を反映する器たり得るのだ。

「狂気」の器

エヴァは庵野自身の鏡像であると同時に、しばしば受け手の鏡像でもある。それゆえか精神科医である私は、エヴァに描かれた「狂気」のありように関心がある。

思えば九〇年代からゼロ年代前半までは、全世界的に「心理主義」が席巻していた。さまざまな事象や問題が心理学的に説明可能であると信じられ、ワイドショーのコメンテーターにも精神科医や心理学者が重用された。エヴァに詰め込まれた「ヤマアラシのジレンマ」「ＡＴフィールド」「デストルドー」といった心理主義的ジャーゴンには、そうした時代背景も反映されている。

庵野秀明の初期のインタビュー記事には「分裂病」（統合失調症）という言葉が頻出する。しかし精神医学的、というか病跡学的な視点から検討するなら、エヴァはおよそ統合失調症的な作品ではない。統合失調症的な作家とは、小説ならカフカ、映画ならＤ・リンチ、絵画ならムンクやＦ・ベーコン、漫画なら初期の吉田戦車あたりを思い浮かべて貰えればよい。要するに、鑑賞者との間にいかなるコミュニケーションの回路も開かれず、分析も解釈も届かない、ただ「わけがわからないのに面白い」という印象を残す作品群のことだ。

ならばエヴァもそうではないか、という反論もあるだろう。謎が謎を呼ぶ作品の構成と、圧倒的な面白さの対比。しかしエヴァの「謎と面白さ」の構造は説明が可能だ。作品世界は――おそらくは後付けのものも含めて——きわめて複雑に構成されており、大量の情報が詰め込まれているために全体の構図を見通すことは難しい。また、意図的に「現実」と「虚構」ないし「象徴」が相互浸透する描写となっているため（「巨大な綾波」のように）、解釈の余地がさらに広がる。私自身、アダムとかリリンとか黒き月とかガフの部屋とか、今に至るもなんだか良くわかりませんな、というのが正直なところだ。

　しかし一方で、キャラクターの性格や関係性の設定はわかりやすい。ただし「わかりやすい」というのは、説明が容易、という意味ではない。キャラクターの造形や振る舞いに「想定外の振幅」が少ない、というほどの意味である。このわかりやすさについては、庵野自身が旧劇場版の公開時に、「エヴァのキャラクターはすべて自分の分身」という趣旨の発言をしている。つまりエヴァはポリフォニックな作品ではなく、バフチンのトルストイ評のように、モノローグ的な作品ということになる。それゆえ、エヴァには「謎めいたキャラクター」はいても「複雑な性格のキャラクター」は存在しない。

　これは批判ではない。日本のアニメ作品は私が知る限り、ガンダムからジブリ作品に至るまで、そのほとんどがモノローグ的だ。つまり、「他者」を締め出した世界として完結しているという意味で。だから他者性は、宮崎駿ならば「運動」を、片渕須直なら「歴史」を導入することで担保される必要があるのだ。庵野はおそらく自身の「狂気」をそうした担保として用いようとしたのかもしれない。統合失調症的、という言葉には「自身のあらん限りの狂気がこめられた作品」という自負もうかがえる。

　まさにその「狂気」のありようにおいてこそ、エヴァは現代的だった。もしエヴァが、真に統合失調症的な作品だったら、話題にはなってもこれほど広く「共感」され支持され、あるいは反発されることもなかっただろう。しかしシンジ・アスカ・レイの三者が背負うことになった「狂気」は、庵野自身に内在するものであるばかりか、すぐれて現代的かつ「共感可能な狂気」だった。こんなことは計算ずくでは絶対に起こらない。エヴァという作品が、時代精神と共振しうる天才の、きわめて切実な自己開示だったからこそ起こりえたことなのだ。ならば、三者の「狂気」とは、いかなるものであったのか。

承認をめぐる病

エヴァンゲリオンとはつまるところ、シンジ・アスカ・レイの物語である。彼らはエヴァを象徴するアイコンにしてキャラである。「キャラ」とはすなわち、エヴァがどんな作品——パチンコやゲームを含む——になろうとも、そのキャラとしての同一性はほとんど揺らがない、という意味だ。『Q』においてはテレビシリーズ当時から一四年を経ても、彼らがみじんも「成長」していないさま（「エヴァの呪縛」によるらしい）が克明に描かれたが、これも「キャラ」のあり方としては正しい（拙著『キャラクター精神分析』筑摩書房）。

私は以前、エヴァにおける主要キャラクターが、「承認をめぐる葛藤」のありようとして分類可能であることを示した（『承認をめぐる病』）。すなわち「承認への葛藤」「承認への行動化」「承認への無関心」であり、これらの「病理」が、それぞれシンジ、アスカ、レイの三者の造形に対応している。

あえて「診断」を試みるなら、承認を巡って葛藤し続け行動を抑制しがちなシンジはいわゆる「ひきこもり」（診断名ではないが）、社交性が高く承認を勝ち取るための行動化にためらいのないアスカは「境界性パーソナリティ障害（境界例）」、承認されることに関心を示さず命令のまま行動するレイは「自閉症スペクトラム障害」に対応している。もちろんこれらは診断ではなく類型的な比喩に過ぎないが、葛藤構造としてはそう異論はないはずだ。

例えば、シンジの葛藤構造は次のようなものだ。「承認されたい」「でも無価値な自分なんかが承認されるわけない」「承認されないならみんな爆発しろ」「でもやっぱり承認されたい」。この堂々巡りである。私はこの構造を「自傷的自己愛」と呼んでいる。低い自己評価ゆえに「承認の引き上げ」を先取りする形で自らの「正気」を担保してみせる、という意味でこの構造は自己愛的である。しかしこの葛藤構造は、行動に対しては徹底して抑制的に作用するため、シンジはひきこもり続けるしかない。もっともその分、追いつめられて自暴自棄になった場合に発揮するエネルギーは核分裂的に暴走することになる。

アスカは承認に関しては優等生だ。エリート教育を受けた彼女は高い戦闘能力とアピール力を兼ね備えており、周囲の期待に応えて大いに活躍する。彼女は「条件を満たせば他者が自分を承認してくれる」ことを良く知っている。だから彼女は努力するし、行動をためらわない。しかしこうした努力の背景には、幼少期に母親からの愛情を受けられず、精神を病んだ母親が自分の身代わりの人形とともに縊死をしたという重いトラウマがあった。過剰適応とも思われるほどの活躍を続ける彼女は、ひとたび使徒に敗北を喫するや著しく自信を喪失し、シンクロ率の低下や慕っていた加持の死などが重なって、自身も精神を病んでしまう。

レイにおいては「承認を巡る葛藤」はほとんど存在しない。彼女は最初から承認に関心を示さない。他者との交流にも関心が乏しく、好意を寄せられてもあまり反応しない。彼女が住むのはコンクリート打ちっぱなしの壁に必要最低限の生活用品のみがおかれた殺風景な部屋だ。レイはもともと本作においてはもっとも空虚な存在であり、その出自はクローンである（レイの魂が宿っていないクローンの肉体は、エヴァを起動するためのダミーシステムに用いられる）。レイのこうした特性、とりわけ彼女が当たり前の感情の動きや表出を理解していないことは、「こんな時、どんな顔をすればいいかわからないの」「これが涙。泣いてるの私」といった台詞や、「シン・エヴァ」の第3村で——正確には「アヤナミレイ＝そっくりさん」だが——赤ん坊のように感情や言葉を習得していく過程からもあきらかだ。

三つの「モード」

以上見てきた通り、三人のキャラクターは三者三様の「病理」を抱えており、それは精神医学的にはそれぞれの典型と言って良いほどである。奇妙な話ではないだろうか。先述の通り、庵野秀明は彼らを自身の分身と述べていた。しかし「ひきこもり」「境界性パーソナリティ障害」「自閉症スペクトラム障害」は、それぞれが時に著しい対照をなすほど異質な「病理」である。にもかかわらず、それぞれに庵野の自己が投影されているというとはどういうことか。そんなことが可能なのだろうか。

結論から言おう。十分に可能である。そもそも以上の三類型は、必ずしも個人の気質や性格と不可分に結びついた「病理」ではない。むしろこれらは「モード」の如きものである。個人が他者や環境と関係する際に選択される、複数の人格モード。

例えば私は、庵野秀明について、かつて以下のように評した。

> 太宰の作品の多くがそうあるように、「境界例」的な作品は、そのリアリティを「作家の人格」によって担保している。作品への関心は、そっくり作家本人への関心と重なるため、どれほどフィクションと断ってあっても、物語と作家自身の体験とがしばしば混同されてしまう。作品のいたるところに、作家自身の素顔がちらつくという意味で、「境界例」的な作品は、本質的にメタ・フィクションなのだ。「エヴァ」最終二話の「学園編」において突如あらわれたメタ・レヴ

エルは、こうした「境界例」的構造のもとで理解される必要がある。（『承認をめぐる病』）

以上のような意味で、テレビシリーズの最終二話、あるいは旧劇場版の「終劇」のありようなどは、一種の境界例的な「行動化」（言葉ではなく行動で葛藤や欲望を伝えようとすること）とも考えられる。その一方で、庵野は『Q』の公開直後にうつ状態に陥り、自殺念慮に駆られていた事実を公表している（https://www.evangelion.co.jp/news_20150401.html）。

２０１２年12月。エヴァ：Qの公開後、僕は壊れました。／所謂、鬱状態となりました。／6年間、自分の魂を削って再びエヴァを作っていた事への、当然の報いでした。／明けた２０１３年。その一年間は精神的な負の波が何度も揺れ戻してくる年でした。自分が代表を務め、自分が作品を背負っているスタジオにただの1度も近づく事が出来ませんでした。／他者や世間との関係性がおかしくなり、まるで回復しない疲労困憊も手伝って、ズブズブと精神的な不安定感に取り込まれていきました。

『Q』の〝不評〟への反応か、激務によるバーンアウトか。一つ言えることは、二〇二一年三月二二日に放映されたNHKのドキュメンタリー番組「『プロフェッショナル 仕事の流儀』庵野秀明スペシャル」での談話からも、庵野自身の自己評価は意外なほど低いという事実である。作品の質についての自信、自負は決して低くはない。しかし彼自身という個人については「自分の命より作品」と述べている言葉から推して知るべしだろう。もしも庵野が「作らない自分には価値はない」と考えているのなら、うつ状態のみならずひきこもりにも親和性がある。その意味でシンジの葛藤は、「素の庵野秀明」の中核にあるそれともっとも近いと言えるかもしれない。

一方、妻である安野モヨコが描く庵野秀明像は、「境界性パーソナリティ」はもちろん、「ひきこもり」にすら見えない。偏食ゆえに魚や肉が食べられず、一ヶ月間風呂に入らなくても平気で、結婚式披露宴では仮面ライダースーツで登場。空気は一切読まず（読めず？）、精神年齢は自称一〇歳（『監督不行届』）。こうした記述を読めば、うかつな専門家ならただちに「発達障害では？」と呟きたくもなろう。実際、庵野秀明をめぐるさまざまなエピソードを拾っていけば、そこに社会性の障害、コミュニケーションの障害、想像力の障害（異常なこだわり、など）という、いわゆる「三つ組み」を見出す人がいても不思議ではない。精神科医が一〇人いれば、たぶん五人くらいは「いわゆるアスペルガー症候群、まあ今は自閉症スペクトラム障害に含まれるけどね」くらいのことは言いそうだ。

ちなみに私は、幸いなことに庵野監督にわずかばかりの面識があった。そのさいに言葉を交わした印象からは、十分に常識と配慮をかねそなえた紳士という印象――加えて愛妻家――で、ここに記したような「病理」の印象はかけらもなかった。余計なことかもしれないが、私の記述をある種の診断行為と誤解する読者がいては困るので、念のため付記しておく。

以上述べてきた通り、シンジ・アスカ・レイというエヴァの主要なキャラクターは、庵野秀明における三つの葛藤モードとみなすことが十分に可能である。作品制作においては境界例モード、素の個人としてはひきこもりモード、妻といるときなど退行的な場面では発達障害モード。これは、日常場面で実際に表出されるかどうかと言うことではなく、そのいずれにも共感し感情移入できる自意識のモードがある、ということである。

さらに重要なことは、さしあたりこの三つのモードこそが、現代の、とりわけ若い世代の葛藤のありようを端的に象徴するものでもある、という点だ。

一九六〇年生まれの庵野は、現在五九歳の私よりも一歳年長である。にもかかわらず、何ゆえに庵野の作品は、今なお「若者心性」の共感を呼び、挑発し続けることができるのか。そもそもエヴァのテレビシリーズを制作した時点で、庵野はすでに三五歳だった。今でこそ三〇代は「若者」の枠に入るが、かつては中年と呼ばれた年齢である。還暦を過ぎた秋元康が女子高生の気持ちを代弁するのとは次元が違う。エヴァは実に四半世紀もの間、若者、というよりは思春期の心の一番柔らかく脆弱な部分に響く作品であり続けた。なぜそんなことが可能だったのか。

「エヴァの呪縛」からの解放

ここで、ひとつ補助線を引いておこう。

庵野秀明はこれまで、繰り返し自分の父親について語っている。庵野の父は事故で左脚を失っており、その不遇ゆえに世の中を恨んでいた。その陰性感情は息子である庵野秀明にも向けられ、時には暴力を振るわれたこともあったという。これをもって庵野を虐待サバイバーとみなすのは早計かもしれないが、「片足を失った父親」のイメージは、少なくとも庵野の嗜好に決定的な影響を及ぼした。例えば次のように。

> 「完全なものって好きになれないんです。ロボットも手が、足がなくなっているほうがしっくりする。『鉄人28号』でも、腕がもがれるシーンが好きだった」「僕にとっては何かが壊れ、欠けてる方が普通なんです。それは体の場合もあるし、精神の場合もあるんですが」（一九九九年八月三〇日付　朝日新聞「おやじの背中」）

庵野はごく控え目に、父親の影響を自身の嗜好までにとどめているが、影響の範囲がそこだけとは考えにくい。シンジに対して虐待的に振る舞うゲンドウの造形には「心に欠落を負った人間」という意味で父親の投影が顕著であるように思われるし、なによりも庵野自身が、作品制作を通じてしか自分自身を肯定できないという「欠落」を抱えてしまったのではなかったか。

こうした欠落は人間の成熟に対しては阻害的に作用する。まして、三〇代半ばにして自他共に認めるライフワークにして代表作を手がけてしまい、その作品の中心的テーマが「終わらない思春期」である。この事実は、作中人物のみならず、作家である庵野の人格形成にまで影響せずにはすまなかったはずだ。

もし旧来の正統的ビルドゥングスロマンのように、エヴァのテーマが父殺しであったなら、その完結はずっと容易であったはずだ。しかし幸か不幸か、エヴァにおいて父殺しの主題が前景化したことは一度もない。なるほど、シンジ―ゲンドウ―ユイの三者は、かなりいびつなエディプス三角を構成してはいる。通常のエディプス関係と異なるのは、シンジとゲンドウが希求するものが常にすでに「ユイの幻影」でしかない点だ。ゲンドウにとってのユイは「人類補完計画」の彼方に位置する母性的存在であり、シンジはユイの隠喩的存在であるレイに曖昧な好意を抱き続ける。二人はまさに同一の対象を希求しつつも、それが複数の幻影であるがゆえに決して競合することはない。その意味で二人は、エディプス複合のような対立から離れて、「母の欠落」を共有する。そう、庵野が実父と「欠損」を共有しようとしたように。

「シン・エヴァ」は結末部分で、ゲンドウの詳細な心情吐露と自己開示が繰り広げられる。虚構と現実が混在する「マイナス宇宙」で、想像的に構成された古い電車の車内で、告白は続く。それはまさに、虐待サバイバーが自らのインナーチャイルド（碇シンジ）と和解する物語だった。なんと本作ではゲンドウがシンジを抱きしめるという、同じくインナーチャイルドとの和解を描いたエルトン・ジョンの伝記映画『ロケットマン』を連想させずにはおかないシーンが描かれる。さらりと描かれてはいるが、これは決定的に重要なシーンである。なぜエヴァにおいて「父殺し」が成立し得ないのか、その謎がここで明かされているからだ。

　先述したように、シンジとゲンドウは欠如を共有している。欠如の構造もほぼ同一だ。この欠如ゆえに自傷的自己愛を抱えてしまい、自己承認が困難な彼らは、常に他者からの承認を求めずにはいられない。他者の究極は母性＝ユイだが、それは永遠に失われてしまった。ゲンドウは自身のインナーチャイルドをシンジに投影したためにしばしば虐待的に振る舞い、投影されたシンジはまさに「投影性同一視」の作用によって、ゲンドウのインナーチャイルドに同一化していく。シンジの葛藤や苦しみがゲンドウのそれと相似形をなすのはこのためである。この同一視こそが、シンジの「父殺し」を頓挫させ、成熟を不可能にした「エヴァの呪縛」そのものではなかったか。

　しかし電車内の「和解」によって、呪縛は解かれた。ゲンドウは電車を降り、アスカとレイの魂はそれぞれに救済され、すべてのエヴァンゲリオンは消滅し、エヴァのいない世界線で大人の姿になったシンジはマリと手を繋いで宇部新川駅から駆けだしていく。本論の冒頭で触れたのは、このラストシーンである。

　メタレベルへの上昇と、紡がれてきた物語の全面否定。これは実質的な「夢オチ」ではあるが、そうした浅薄な批判があまり見受けられなかったのは幸いなことだった。長くエヴァを見守ってきたファンにとっては、それが庵野秀明の「私小説」であることはむしろ自明の前提であり、それが見かけ上「夢オチ」であろうと、そこに庵野の救済の物語（ナラティブ）を垣間見ることができるなら十分に満足なのである。いくつかの謎や不満を残しつつも、庵野は驚くほど誠実にエヴァを終わらせた。それは作家として現実と向き合うことの決意表明であると同時に、庵野自身が今度こそ「エヴァの呪縛」から解放されたことの力強い宣言でもあったのだ。

メタ・ビルドゥングスロマン

先述した通り、「エヴァの呪縛」は、作り手の庵野自身にも少なからぬ影響を及ぼしていたように思われる。自己承認が不得手、すなわち「自分が好きじゃない（宇多田ヒカル）」であろう庵野が、自身を投影したキャラを作るなら、「自己否定」の形でしか自己愛を表明できないシンジ、条件つきの承認でしか自己愛を維持できないアスカ、自己愛にも他者への愛にも心を閉ざすことでしか自己を守れないレイ、という三つ組みの造形に至るのは半ば必然だった。そして、皮肉にもこの三つ組みこそが、九〇年代以降の「成熟困難」を象徴するスタイルとなり、多くの若者の共感を惹きつける器となったのである。つまり庵野は、自身を否定し成熟を拒否し続ける限りにおいて、多くの承認を得られるという悪循環の中に釘付けになったのだ。この構造こそが「エヴァの呪縛」であり、呪縛はメディア環境によっていっそう強化されていった。

どういうことだろうか。九〇年代後半からの四半世紀に起きた最大の社会変革は、メディア環境の変容だった。商用インターネットの普及、スマホの普及、各種ＳＮＳサービスの普及が相まって、人々のコミュニケーション・ネットワークは劇的に重層化・稠密化を遂げた。かくして「いいね！」ボタンに代表される承認の可視化が、人々に「承認依存」という新しい嗜癖をもたらしたのだ。ここで詳しく論ずる余裕はないが、このようなメディア環境そのものが、そこに適応した人々――主に若者――に「承認をめぐる病」をもたらしたと私は考えている。それはたまたま、「ひきこもり（承認をめぐる葛藤）」「境界例（承認依存）」「自閉症スペクトラム（承認ゲームからの離脱）」という三つの「病理」

を析出させた。

庵野はこうしたメディア革命の前夜、エヴァの制作においてこの状況を予見していたも同然である。そして私の見るところ、この傾向はこの四半世紀を通じてほとんど変わっていない。「時代は加速度的に変化する」という常套句にもかかわらず、九〇年代後半以降は、サブカルも流行の周期もスローダウンしている。エヴァが四半世紀愛されたのは必ずしも例外的な事態ではない。プリキュアシリーズは放映開始から一七年が経過し、ＡＫＢ48も今年結成一六周年を迎える。精神科医として付言すれば、この四半世紀に関しては「心のモード」の変化もきわめてゆっくりだった。ひきこもりも発達障害もじわじわ増加し、境界例はネットに主戦場を移して暴れている（ちなみに統合失調症は減少した）。エヴァが受容されたのはまさにそんな時代だった。

以上の経緯をまとめてみよう。エヴァは庵野秀明の私小説的作品であり、キャラには庵野の自意識が投影されている。庵野は諸般の事情から心にトラウマ的な欠落を抱えており、作品制作を通じてしか自分を肯定できないという葛藤を抱えていた。その葛藤の三つのモードはシンジ・アスカ・レイの三つ組みのキャラに投影された。おりしも九〇年代以降のメディア環境の革命的変化が若い世代を中心に承認依存の風潮をもたらし、先の三つ組みは若い世代の悩める自意識を端なくも象徴する結果となり、エヴァへの共感はこの四半世紀、高まりこそすれ衰えることはなかった。しかし、おのが未成熟さを開示したも同然の作品が熱狂的に支持されることは、「エヴァの呪縛」として庵野を苛んできた。

エヴァというロボットアニメのふりをした「承認をめぐるサーガ」は、一人の作家と彼が制作した物語とその熱心な消費者が、「承認」というテーマのもとで相互浸透しつつ影響を及ぼし合う中から生成し続けた。それゆえに本作は、単なる傑作アニメという評価に留まらず、作家の苦闘と成長の記録にして優れた歴史的ドキュメントでもありえたのだ。メタ・ビルドゥングスロマンといのはそういう意味である。繰り返すが、こんな作品は二度と作られ得ない。作家と物語、消費者と社会のそれぞれが、「承認」をめぐってシンクロし続けると言う事態そのものが、一回限りの奇跡でしかないからだ。

　庵野秀明はほとんど満身創痍になりながらも自暴自棄に陥ることなく呪縛と向き合い、訴訟沙汰やコロナ禍という困難な状況下にもかかわらず、みごとな作品を届けてくれた。「シン・エヴァ」の大ヒットと高評価は、庵野自身ばかりではなく、「エヴァの呪縛」を共有していたすべての人々に「解呪」をもたらしたはずだ。現在、庵野はすでに『シン・ウルトラマン』および『シン・仮面ライダー』の制作に取りかかっていると聞く。願わくは両作が、解放の歓びと大いなるレジリエンスに満ちてあらんことを。

ポストカタストロフの新景観

五十嵐太郎

宇部市とエッフェル塔

２０２０年12月、筆者は宇部新川の駅に立ち寄っていた。事前に『シン・エヴァンゲリオン』（以下、『シン・エヴァ』と表記）のエンディングを知っていたからではない。日本のモダニズムを牽引した丹下健三のライバルだった村野藤吾の建築が、代表作の宇部市渡辺翁記念会館（１９３７）を含めて、この街にいくつか現存し、それらを見学するためである。だから、本当に偶然であり、訪問時はここが庵野秀明の故郷だったことも忘れていたので、劇場で映画を鑑賞したときに驚いた。行ったばかりの駅が映っている、と。ちなみに、スクラップ・アンド・ビルドが激しい日本において、宇部市では、１９３０年代、40年代、50年代、70年代、80年代の村野建築が保存されており、おそらく地元で重要な建築家だと認識されている。したがって、視覚的な表現に携わる庵野が、彼の存在をまったく知らないことはないだろう。

しかし、というか、やはり宇部新川駅のホームから空撮の視点に切り替わり、海辺の工業地帯を眺めるラスト・シーンに村野の建築は映らない。特に渡辺翁記念会館と文化会館（１９７９）は、駅の真横といっていい場所なので、視界に入ってもおかしくないのだが、画面から外されている。正確に言えば、工業地帯の中に旧宇部窒素工業事務所（1942）は映り込んでいるはずだが、さすがに小さくて認識できない。これは意図的に排除したというよりも、建築家の作品に興味がないことを反映したものだろう。なお、『式日』（2000）は宇部を舞台とし、冒頭に工業地帯のショットがあるほか、駅のホームも登場するが、『ラブ&ポップ』（1998）と同様、アーケード上部のキャットウォーク、鉄塔があるビルの屋上、鉄道のレール、あるいは廃屋など、変わった場所を選び、村野建築は描かれない。以前、筆者は景観について、庵野にインタビューをしたことがあるのだが、巨大な建造物やテクノスケープへの強い関心は確認したが、固有名のある建築家は一切言及しなかった（「映画監督、庵野秀明の観る『景観』」／『建築雑誌』2009年1月号）。例えば、黒部ダム、東京タワー、霞が関ビルディングなどが、彼のお気に入りである。

ゆえに、『シン・エヴァ』の冒頭において、赤い鉄骨の構築物が登場したとき、瞬時に東京タワーではないかと思った。が、周知の通り、エッフェル塔である。本来、これは赤い塔ではないが、物語の世界観では、汚染された地域は赤くなっているからだ。ともあれ、ずっと日本ばかりを描いていた作品において、ヨーロッパの花の都が舞台になったことに驚かされた。むろん、第3新東京市は、サードインパクトにより、すでに廃墟と化し、回復すべき姿をもつ戦場として使えない。東京と違い、パリは壮麗な歴史建築で知られるが、そもそもエッフェル塔（1889）は、完成当初「建築」と認識されなかったものである。今でこそ20世紀のデザインを切り開いた先駆者という位置づけだが、19世紀末において、アカデミーで学んだ建築家ではなく、技術者のギュスターブ・エッフェルによって設計された塔は、文化人の反発を招き、美意識に欠ける醜い「構築物」とみなされたからだ。その結果、忌まわしいエッフェル塔を見ないために、塔のレストランに通ったモーパッサンのエピソードが知られている。

もともと万博の仮設構築物としてつくられた技術者の塔は、結局、そのまま残り、もはやエッフェル塔なしのパリは考えられないランドマークになった。『シン・エヴァ』では、マリの8号機がちぎれた塔の先端をねじりながら突き刺し、新凱旋門があるデファンス地区から近づいたエヴァンゲリオン・マーク４４４４Ｃを攻撃する武器に使うのだが、『シン・ゴジラ』（２０１６）において壊すべきランドマークがもはや現代の東京にない不満を補填するかのようである（拙論「ランドマークとしてのゴジラ」／『「シン・ゴジラ」をどう観るか』河出書房新社、２０１６年を参照）。庵野は、美しさを意図的に狙ったデザインではなく、「無駄なものがなく必要なものしかそこにないという機能美」が好きだという（『建築雑誌』２００９年1月号）。なお、浄化されたパリを東から西方向へ俯瞰するシーンにおいて、著名な建築家の作品で確認できるのは、ドミニク・ペローが設計したフランス国立図書館だが、画面の隅でちらっと映っているだけである。

映画の制作にあたっては、パリでロケハンをしたらしいが、箱庭的に実際の都市計画を巧みに利用している。すなわち、旗艦ヴンダーからリツコ、マヤ、ミドリらが降下し、作業を行うユーロＮＥＲＶ第1号封印柱が、エトワール凱旋門の隣で斜めに突き刺さっているからだ。ここはパリのバロック的な都市計画の要のひとつだが、凱旋門のまわりがロータリーになっており、さらにそこから12本の道路が放射状に広がる。したがって、『シン・エヴァ』のアバンタイトルにおける市街戦の後、凱旋門を中心としながら、円が膨らむように、赤い汚染から復元された領域が広がっていくシーン、あるいはリング状に建物がせり上がって、パリが要塞化するシーンが、効果的な表現として成立しているのだ。逆に東京の場合、重要な建築は都市デザインとあまり関係がなく、スタンド・アローンでばらばらに存在しており、こうした空間の演出は難しいだろう。

第３新東京市の空間構成

　さて、箱庭的な都市としての第３新東京市を振り返っておこう。なんとなく、それらしい背景が描かれているのではなく、作品の設定資料を確認すると、これは入念に設計されたものである。かつて筆者はその都市構造を論じたことがあるので、ここで要約したい（「ポストカタストロフのコラージュシティ」／『エヴァンゲリオン・スタイル』第三書館、１９９７年）。新劇場版とＴＶ版では、さほど変わらず、基本的に同じものになっているからだ。旧東京は、２０００年に起きたセカンドインパクトとその一週間後に投下された新型爆弾により壊滅し、ほぼ水没しており、長野の第２新東京市に代わる日本の首都として箱根付近に建造されたのが、第３新東京市である。すなわち、ポストカタストロフの都市だが、廃墟ではなく、コンビニの棚が埋まるくらいまで、奇跡的な復興を遂げていた。もっとも、日常の風景は変わらない未来としての２０１５年を描いている（現在、２０２１年だが、その予測は当たった）。

　都市デザインは、以下の４つの要素を重ね合わせている。

　第一にグリッドである。中心部は一辺３００ｍの街区が連なる、碁盤目状の骨格をもつ。中央を貫く道路は６車線道路であり、使徒とエヴァの市街戦にとって格好の場所となる。北側は映画館や百貨店で賑わう旧市街の通常ブロック、山の麓の学校、区画整理地、南側は芦ノ湖に突き出た丸い半水上都市や、集光ビルが並ぶブロックだ。十字に交差する南北と東西の中心軸ブロックには、上下に移動する高層ビルが立つ。各ブロックは、アルファベットと数字を組み合わせた名称で呼ばれ（例えば、「Ｄ―３」）、中心のゼロ・エリアはちょうどネルフ本部の直上らしい。もっとも、こうしたグリッドは、北京、ニューヨーク、サンフランシスコから古代ギリシアの植民都市に至るまで、歴史的に数多く採用された手法であり、必ずしもめずらしいものではない。

第二の特徴は、風水都市だろう。広大な平野ならば、グリッドは無限の延長可能性をもつが、第3新東京市は、山と湖に囲まれ、あらかじめ領域が限定されている。北側に金時山、東側に新早川、南側に芦ノ湖を配した環境は、風水的な布置と似ていよう。風水の条件は「背山面水」や「四神相応」であり、なるほど、第3新東京市は山を背にして水に面している。また後者の言葉は、北の玄武を山、南の朱雀を池、東の青龍を川、西の白虎を道とみなしており、これもほぼ満たしているのは興味深い。風水で重視される気の流れはどうか。日本では気の通り道である龍脈が、富士山から四方に散るとみなされるので、これに近い第3新東京市は有利な位置だろう。風水の原理は、母の両腕に抱かれた子供のような環境としても表現されるが、これは箱庭的な舞台装置に通じる。なお、平城京や平安京など、日本古代の風水都市も、三方を山が囲み、条坊制と呼ばれるグリッドをもつ。建築家の毛綱毅曠は、グリッドを天の原理、風水を地の原理と呼び、世界各地の古代都市に両者の融合を指摘していた。とすれば、第3新東京市も天と地に祝福された都市である。

第三に、要塞都市であること。第3新東京市は、使徒の襲来によって壊れてもすぐに再建する、いつも復旧工事中の要塞都市だった。緊急時は、まず高層ビルのそびえるブロック部分がもぐる。地下ではビルディング・ロックボルトが先に降り、上から避難してきた天井ビルを固定する。代わって地面からは対空迎撃ミサイルがせり上がる。そして山肌が割れると、迎撃ミサイルのシステムがあらわれ、送電線には迎撃施設がぶらさがる。使徒が出現すると、一斉に市内の表示が警報に変わり、避難路を示す。特別非常事態宣言が発令され、市民は指定のシェルターに避難する。だが、物語が進むにつれて、もはや修復不能なほどに都市は破壊され、日常を維持できなくなった。エヴァは有線兵器であり、アンビリカル・ケーブル（臍の緒）を通じた外部電源の供給がなくなると、5分しか動けない。つまり、設備がない都市の外部では、大きな制限が伴う（もはや『シン・エヴァ』では、この設定は無意味になっていたが）。エヴァにとって第3新東京市は離れがたい母胎なのだ。

　碇ゲンドウは「敵だらけの外界から逃げ込んでいる、臆病者の街」と語ったが、シンジのように、自閉的な都市である。他者から侵入を意識すると、ルネサンス期の幾何学的な理想都市や『進撃の巨人』のように、壁で囲まれた街がつくられるが、第3新東京市の場合は、エヴァのために、様々なガジェットを用意している。例えば、兵装ビル、エヴァの出撃及び回収ゲート、そして非常用電源。武器庫ビルは、シャッターが降りると、ライフルが取り出せる。エヴァをレール沿いに一気に垂直発進させ、地上都市に登場する射出口。またＥＶＡ支援建築群と呼ばれる、迎撃用ロケットランチャー、電源ソケット、武器庫などの軍事施設は、普通のビルを装う。まるでエヴァのための書き割りの街のようだ。実際、『シン・エヴァ』における父との対決シーンでは、おそらく制作過程のプリヴィズに用いたＣＧのシミュレーション・ソフトを解像度が粗いまま、映画に使ったり、特撮のセットのように第3新東京市を表現したりしている。

　そして第四に、地下都市である。これは国連が掘り出したものではない。もともと直径13・75㎞にも及ぶ巨大な球形の空洞が箱根の地下に存在し、その8割が土砂で埋没し、最上部の直径6㎞、高さ0・9㎞の空間を使ったという。地上から切り離された別世界は、自給自足できるコロニーである。地上との交通手段は、斜めに降りる直通のカートレインや、ネルフ専用のリニアトレインだ。ジオフロント内に入り、空中にぶらさがるリニアレール沿いに下降するシーンは、宇宙空間へと旅立つ『銀河鉄道999』へのオマージュのようだ。そしてシャンデリアのごとくハイテク風のビルが吊り下がる天井都市、ピラミッド状のネルフ本部と地面をえぐる逆さピラミッド、そして森林と大きな地底湖が視界に入る。人工的な造形のネルフ本部と、森と湖の自然は好対照をなす。なお、地上の薄く湾曲する集光ビルの群は、常夏の太陽光を集め、ジオフロントに光ファイバーで送る。地下都市は、ＳＦ

の古典的なテーマだが、日本のアニメでも『宇宙戦艦ヤマト』の放射能に汚染された地球における地下都市や、ガミラス星の地底でぶら下がる天井都市が想起されるだろう。セントラルドグマは、ネルフ本部直下の７㎞に及ぶ広大な地下区域であり、最下層にターミナルドグマが位置する。７㎞はもとの空洞の直径から推測すると、球体の中心にあたり、そこで磔にされたリリスが存在していた。

　かくして第３新東京市は、グリッド＋風水都市＋要塞都市＋地下都市の構成をもつ。

東日本大震災後の第3村

旧劇場版の『REBIRTH』編（１９９７）では、戦略自衛隊が投下したＮ２爆弾によって、天井の地層がぬけ、爆発跡に水がたまった湖からジオフロントへ、大量の水が滝のように流れ落ちる。隠蔽のヴェールが解かれ、初めてジオフロントから本当の青空がみえたとき、呆然と空を見上げるアスカの弐号機を中心軸として、空から投下された残り９体のエヴァがそのまわりをゆっくりと旋回していく。すべてが無へと帰ろうとする都市に描かれた、その美しい幾何学が、死と再生の円環を象徴するかのように。そして人類補完計画が発動し、ジオフロントの空洞そのものが「黒き月」＝生命の源リリスの卵であることが判明し、巨大な黒い球体が浮上した。

　ある意味で庵野は徹底的に作品を壊し、細かい謎解きは無意味になった。それはひとり歩きをした物語生産機械としてのエヴァを解体し、自分の手にとりかえす作業だったのかもしれない。が、生みだした作品を自ら壊すことは、創造者がもつ最大の特権でもある。彼は昔からロボットの絵をきれいに完成させてから破壊する様子を描いたという。旧劇場版の完結編『THE END OF EVANGELION』（１９９７）にも、幼少のシンジがネルフ本部を連想させる砂のピラミッドをつくり、それを壊すシーンがある。箱庭的な砂場は、監督自身の心象風景だろう。レイというキャラクターも異常に巨大化し、醜く崩れ落ちた。最後に残ったのは作品の廃墟である。

21世紀に入り、作品をリビルドしたのが、新劇場版である。戦後日本の高度経済成長に生まれ、バブル経済を体験した庵野が、最初のTVシリーズを発表した1995年は、阪神・淡路大震災や地下鉄サリン事件が発生したときだった。そして『序』（2007）と『破』（2009）の後、2011年に東日本大震災や原発事故が起きたことは、おそらく作品世界における風景の描写に影響を与えている。過去の記録写真、遠い国の戦場、あるいはアニメや映画のシーンではなく、コンビニが普及した日本国内において、広大な領域にわたって突如、出現した本物の廃墟を目撃したからだ。特に『シン・エヴァ』はそれが顕著である。例えば、物語の終盤、封印柱によって第3村を守る結界に対し、津波のように押し寄せる赤い海。また汚染された世界に人が立ち入る際、防護服を着用したり、ガイガーカウンターのような装置を使い、L結界密度を測定したりする様子は、原発事故の被害を受けた放射線量が高いエリアのようだ。

『シン・エヴァ』の冒頭において、3人のチルドレンが赤い廃墟をさすらうシーンは忘れがたい。『彼氏彼女の事情』（1998―99）でも頻出したように、電線、線路、鉄塔など、テクノスケープを好む庵野ワールドが全開であり、さらに血を連想させる赤色によって、イメージが補強されているからだ。彼は「廃墟は時間という自然と人工構造物が融合している感じが好きなんです。だから、廃墟を人間がつくることはできません」と述べている（『建築雑誌』2009年1月号）。カヲルが目の前で即死したショックから立ち直れないシンジが、友人を遠ざけ、一人で佇むのも、ネルフ跡地の廃墟だった。庵野の作品は、しばしば風景によって登場人物の心情を表現するが、同時にそこは『Q』（2012）において、二人で連弾し、一緒に星を眺めたカヲルとの思い出の場所だろう。ともあれ、本来露出することがない基礎の柱が水に浸され、屋根、壁、床が朽ちたコンクリートの建造物は、3・11直後に津波に襲われた被災地で目撃した風景を思い出さずにはいられない。しかも見上げのショットは、爆発した原子炉の建屋のようだ。

もっとも、廃墟の描き方として画期的なのは、ただ建築が壊れているのではなく、首から上がないエヴァの無数の残骸が散らばった風景である。巨大な生物型の兵器と人工的な構築物を組み合わせた廃墟は、『シン・ゴジラ』の東京駅周辺のシーンにも連なるだろう。傷ついたエヴァがうろうろと徘徊するのも強烈だった。CGの導入によって、新劇場版はTV版に比べると、赤いリングをもつ第6の使徒や、ピラミッド型の第8の使徒など、謎の襲来者の幾何学的なデザインは格段に精緻化し、変形も複雑なものになったが、単に抽象的な存在とはせず、なまめかしい生物のような表現も加味したことは、シュールな美術として高く評価できるだろう。ほかにも格子状に傷ついた赤い球体、宙に浮く逆さピラミッド、そして様々なモノが浮上したサードインパクトの影響が残り、無重力の状態になって、鉄塔や電車の車両が空中でくるくるとまわるのも、印象的な風景である。なお、後者は、映画『IT／イット〝それ〟が見えたら、終わり』（2017）において、ペニーワイズがつくりだした子供や様々なモノが宙を漂う世界とも似ていよう。

第3新東京市は、いきなりセカンドインパクトからほとんど復興を遂げた状態で示されたのに対し、第3村はまさに復興の過程であり、屋根の上にソーラーパネルをのせたプレハブの建築群は、太平洋戦争に敗れた後のバラックではなく、東日本大震災後の仮設住宅に触発されたものだろう。すでにコンビニがある日常ではなく、必死のサバイバルが要請される生活。例えば、ケンスケが電車の車両をリノベーションし、セルフビルドした住処や、図書館に改造した電車が、その典型である（ただし、こうした転用は、むしろ日本の戦後に起きたものだ）。レイが参加した農業の営みや、シンジに依頼された魚釣りも、これまでのエヴァンゲリオンでは考えられない生き生きとした予想外の場面だろう。おそらく、最初の放映から『シン・エヴァ』までの四半世紀という長い時間の経過がなければ、こうした風景は出現しなかったはずだ。

ところで、第3村の建築群については、レーザーカッターで制作した大きな模型がつくられている。ＮＨＫ『プロフェッショナル』（２０２1年3月22日放送）では、庵野が模型をのぞき込む様子が映しだされていたが、３ＤのＣＧだけに頼らず、自分の目で構図やアングルを検討するためだろう。またミニチュアに対する態度は、特撮の感覚に由来している。これはアニメであるにもかかわらず、あらかじめ画コンテをつくることなく、俳優にモーション・キャプチャーをつけて、実際に演技させる様子を撮影し、その映像を踏まえて、カットを決めるという特殊な方法とも共通するものだ。つまり、アニメと特撮の方法論が混ざっている。庵野は『シン・エヴァ』に着手する前にいくつかの実写映画を制作したからこそ、そうした体験がフィードバックされたのだろう。３ＤＣＧの発達を受けて、アニメが実写に近づく一方、スーパーヒーローの映画も同じ技術によってアニメ化している現在、日本の映像史を継承しながら、まったく異なる方法によって両者の融合をめざしたのは興味深い。ちなみに、彼の特撮への愛は、「館長　庵野秀明　特撮博物館」展（東京都現代美術館、２０１２年）でも明確に打ち出されていた。同展では、「エヴァの原点は、ウルトラマンと巨神兵。」というキャッチコピーを掲げ、東京タワーがある約10ｍ四方の街のミニチュアステージも目玉として会場に設営されている。

テクノスケープの新景観

２０２1年の2月から4月にかけて、「電線絵画―小林清親から山口晃まで」展（練馬区立美術館）が開催された。一般的な景観論において電線や電柱は悪者とされるのに対し、あえて日本の近現代の絵画において、いかにそれらが描かれてきたかをたどる画期的な企画である。やはり、明治・大正にさかのぼると、近代化や都市化の象徴とされており、画家たちも積極的に風景画のモチーフに組み込んでいた。とくに電柱は垂直の要素として効果的に使うと、構図にメリハリが生まれる。筆者は『美しい都市・醜い都市』（中公新書ラクレ、２００６年）において、電線悪玉論や、日本橋の上の高速道路は醜いから撤去すべきという「美しい」景観論を批判したが、その後、若い世代の大山顕による写真集『工場萌え』（２００７）や『ジャンクション』（２００７）が続き、ようやく絵画の分野でも、テクノスケープを再評価する展覧会が登場したように思う。「電線絵画」展は、画家のみをとりあげているが、その対象を視覚芸術に広げると、言うまでもなく、庵野はその系譜に入るはずだ。

　前述した建築学会誌における庵野へのインタビューが実現したのも、実は電線のおかげだった。当時は『破』の公開直前であり、必ずエヴァンゲリオンの話になるので、仲介した編集者からは絶対に引き受けないだろうと言われていたが、依頼する際、新作についてではなく、電線や電柱の話を聞きたいと、ピンポイントでリクエストを出したら、奇跡的に許可されたのである。そして事務所に訪れると、『ガメラ』の撮影で使われたという大きな電柱の模型がどんと置かれており、彼は以下のように発言した。「代官山にすごく気に入った電柱があったんですけど、今では電線が地下に入ってしまって、上部のゴチャっとした感じがすっかり消えてしまった。電柱や電線が街から減っていて、寂しい限りです」（『建築雑誌』２００９年1月号）。

　景観の美しさは、そもそも絶対的なものではない。また政治家が都合よく決めるべきものでもない。画家や写真家、あるいは映像作家によって、しばしば「発見」され、新しく創造されるものだ。例えば、今でこそ世界遺産に指定されているような古代ローマの遺跡は、中世においてはただの壊れた建築だったが、18世紀の新しい美学によって鑑賞の対象に変化している。その際、ユベール・ロベールやピラネージのような画家の作品が大きな役割を果たした。またエッフェル塔が当初は非難の対象だったことは、先に述べた通りである。ルーズ・ソックスをはいた女子高生たちが渋谷のドブ川を歩いていく、『ラブ&ポップ』の衝撃的にカッコいいラストシーンは、景観の見方を変えるだろう（実際、すぐにCMでパクられていた）。

テクノスケープに美しさをみいだす庵野の作品は、ヨーロッパ風が素晴らしいとか、電線さえ地中化すれば、街が美しくなるという安易な考えに対する批判的な思考をうながすはずだ（目障りなものを消すなら、本当は建築をちゃんとしないといけないのだが、なぜか一般的な景観論にそういう発想はない）。

追記

エヴァンゲリオンは筆者にとって特別な作品である。単なる面白いアニメのひとつではない。なによりも、量産された謎本になることを避けて、批評のアンソロジーを編著者として企画した『エヴァンゲリオン快楽原則』（第三書館、1997年）は、筆者の名前が背表紙にのった最初の本だから、生涯忘れられないだろう。刊行されてすぐ、吉祥寺の書店に急いで足を運び、本を手にとったことをよく覚えている。また「カメラ・オブスキュラあるいは革命の建築博物館」展（1996）を手伝い、打ち上げの場で磯崎新の口からエヴァンゲリオンの話題が飛びだし、参加者で対応できたのが筆者だけだった。当時、彼はすでに60代半ばだったが、世界的な建築家が『ツイン・ピークス』（1990—91）なども含めて、新しいサブカルチャーの動向にも目配りをしていたことに驚かされた。その後、これがきっかけとなって、磯崎と一緒に本や展覧会の仕事をする機会がもたらされたのも、予想外の展開である。エヴァも語れる、建築史・批評家として認識してもらったからだ。

24年前に筆者が、ウェブマガジンの「artscape」に寄稿したテキストのリンクが残っている。旧劇場版『シト新生』（1991）を鑑賞後に寄稿した「いかにエヴァンゲリオン・スタイルは生成したか」（ウェブマガジン『Art Watch』１９９７年４月22日）である。結局、ＴＶシリーズでは物語が終わらず、その異常事態によって、かえって一般社会でもブームが盛り上がっていたタイミングだったが、大きな期待を集めていた作品は、呆気にとられる内容だった。もっとも、本稿で論じた風景やデザイン、映像のセンス、スピード感、圧縮された情報、メタ的な表現などは嫌いではなかった。いや、個人的には、陰謀論的な謎解きよりも、そうした手法の強度にただならぬものを感じ、魅せられていた。ともあれ、21世紀に入り、シリーズが再起動し、今回、本当にようやく物語が終わったのである。いや、ついに成仏させたというべきか。ＴＶ版の第26話に出てくる言葉「おめでとう」や「ありがとう」を最初に見たときは、よくわからなかったが、改めて心からそう思えるラストだろう。

　最後に展開される父と息子の対決は、ある意味で古典的な枠組だが、物語のプロットを考えると、やはり必然的な帰結だった。ただし、母のクローン化＝レイは、現代的な設定である。『シン・エヴァ』は、第３村のパートを挿入し、生きのびて、大人に成長したかつての同級生たちが登場したことによって、これまでになく人間のドラマや生活感が強い作品になった。そして庵野秀明という作家性も刷り込まれた、大衆的なカルト映画として見事に完結したのである。本来、強烈な個性をもつカルト映画は、一部のファンにしか受け入れられないが、エヴァは社会現象まで起こしたという意味で、ありえない作品だろう。

『スター・ウォーズ』の壮大なシリーズも、筆者が小学生のとき、父に連れられて、最初の『エピソード４／新たなる希望』を鑑賞してから、40年かけて完結したが、エヴァンゲリオンも、四半世紀の歴史を刻んでいる。したがって、作品の展開と並走しながら過ごした筆者の世代だと、そうした時間の経過を切り離して語ることができない（もちろん、違う世代は別の受容の仕方が可能であり、国や時代を超えても、作品は普遍性をもつと思う）。ともあれ、筆者としては、４つの時間の流れ、すなわちシリーズが歩んだ長い歴史、作品内の時間軸（『Q』になると、14年後の世界にジャンプするのも、アニメではめずらしい設定ではないだろうか）、観客の過ごした日々（出会ったときに子供でも、大人になっている）、そして日本社会の変化が重ね合わせられる。もちろん、30代だった庵野自身も、60歳になり、人生経験を積んだことが反映されているだろう。『シン・エヴァ』のパンフレットを読むと、声優も時間の経過について、それぞれの想いを語っていた。

　地下鉄サリン事件や酒鬼薔薇事件などが発生した１９９５年から97年にかけて、ＴＶシリーズと旧劇場版は発表され、世界の終わりを意識させる世紀末ということもあり、当時はオウム真理教との関連で論じる言説も少なくなかった（『エヴァンゲリオン快楽原則』を参照）。一方、『シン・エヴァンゲリオン』は、ただ絶望的な廃墟が広がるのではなく、厄災から復興中の第3村が描かれるなど、あきらかに東日本大震災以降の作品であり、新しい始まりを予感させる作品に書き換えられている。最初の2、3年でちゃんと完結しなかったからこそ、何事もなかったように新しく制作される続編というかたちではなく、作品そのものが変容しながら、最後にたどりついた未曾有の境地を祝福したい。

『シン・エヴァンゲリオン劇場版𝄇』は模型のアニメである

松下哲也

エッフェル塔で模型遊び

『シン・エヴァンゲリオン劇場版𝄇』（以下シン・エヴァと表記）は模型のアニメである。単に九〇年代以降のガレージキットや完成品フィギュアの市場を席巻したアニメの完結編だからではない。また、単に昭和の特撮怪獣映画の雰囲気を模倣しているアニメだからだというわけでもない。シン・エヴァは作品それ自体が模型を主題とするアニメである。言いかえれば、シン・エヴァは模型のかたちで無限にコピーされ人々に所有されつづける「イメージ」についての映画である。

シン・エヴァの物語は、パリに実在するエッフェル塔を真下から見上げた左右対称のカットで始まる。模型メディア「nipper.com」を主宰するからぱたがすでに指摘しているとおり[1]、この構図は奇しくも松浦寿輝が著した『エッフェル塔試論』[2]単行本の表紙と同じである。この画面が、シン・エヴァの主題と視覚表現の特性を観客に強く印象付ける。

エッフェル塔ほど無用な建築物はない。これが松浦の指摘だ。この塔にはたしかに電波塔としての役目が与えられているが、パリやフランスを象徴する建築物としての役割の巨大さに比べれば、そのような実用的な機能はほとんどないに等しいと松浦は主張する。規則的なパーツ構成で組み上げられたこの巨大な錬鉄の構造物それ自体は、「単に無用のもの、無駄に大きなもの」つまりほとんど鑑賞の対象としての機能しか持たない、単に美的なモノに過ぎないというのである。[3] しかしながら、この巨大かつ無意味なモノは、パリに関連するポスターや雑誌、商品のパッケージや映像に頻繁に挿入されることで、パリという都市やフランスという国家を象徴する特権的な「イメージ」となった。その「イメージ」という単語を、松浦は以下のように定義する。

> ここで言う「イメージ」とは、単に何事かを表象している代補的な「記号」のことではない。きりもなく増殖を重ね、手から手へと渡り、場所から場所へと移動し、数限りない機会に交換され、意味と映像とをすり替えつづけているうちに、もはや何ものも表象=再現=代行せず、ただおのれみずからのみを空虚に反復することしかしないところまで磨り減ってしまった「記号」、しかしまた他方、そうした自己反復の執拗さそのものを通じて、或る不透明な現前の重みを獲得するに至った特異な「記号」のことである。[4]

エッフェル塔はただそれ自体の「イメージ」として無限に増殖し、印刷メディアや映像、あるいは土産物のオブジェや模型のかたちで複製され、流通し、人々に所有されつづけてきた。このエッフェル塔の特性は、アニメロボットのプラモデルとほとんど同じである。たとえば、プラモデル大手バンダイが販売する「ガンプラ（『機動戦士ガンダム』のプラモデルシリーズ）」の背後に我々は当初『機動戦士ガンダム』シリーズというアニメの物語やそれに由来するキャラクター性を見出していたけれども、ガンプラがほとんど無限に増殖し、映像に登場しないプラモデルオリジナルの機体が大量に流通している今となっては、ガンプラは単なる「イメージ」と化し、今やガンプラはガンプラそのものを執拗に反復する特異なモノでしかない、という受容の態度があり得る。我々が――『ガンダム』というアニメ作品ならともかく――ガンプラを富野由悠季以下映像作家の名前と結びつけて楽しむことがほとんどないのと同様に、設計者のギュスターヴ・エッフェルの名を持つエッフェル塔を、ある才能豊かな個人が達成した業績として受容することもほとんどない。なぜなら、あの巨大な塔は、事実わかりやすい組み立て説明書が付属していて、それをきちんと読んで組み立てれば誰でも完成させられて、見栄えのいいミニチュアが安価に手に入る、よくできたプラモデルのようなモノだからである。

　一九〇〇年に出版された『三〇〇メートルの塔』（テクスト篇と図版篇からなる）が、このエッフェル塔の本質を雄弁に物語っている。同書の図版篇は単なる画集ではなく塔の完全な設計図であり、塔を構成するすべての部品の細部とその組み立て方が細密に描写されたイラストレーションによって徹底的に図示されている（図1）。この設計図にならえばエッフェル塔を実物大で再現することも、精密なミニチュアを作ることも、あるいは個々人の空想の中で組み立てることもできる。『三〇〇メートルの塔』の所有はエッフェル塔そのものの所有とほとんど等しいのである。松浦は、この書物をプラモデルの組み立て説明書にたとえて、エッフェル塔と模型の類似性を指摘している。

> しかし、こんなふうに作られたモノとは、いったい何か。サイズの大小さえ度外視すれば、構造的には、子供の組み立てる玩具のプラモデルと変わりはしないではないか。エッフェル塔のミニアチュールが氾濫するのは、実のところエッフェル塔それ自体が一種のプラモデルのごとき物体だからではないのだろうか。『三〇〇メートルの塔――図版篇』とは、実のところ、プラモデルのパッケージに添えられた組み立て説明書と同じものなのではないだろうか。エッフェル塔とは、

結局、それ自体、模型なのではないか。[5]

このような組み立て説明書が存在する以上、実物に忠実なディティールと構造を備えた模型は原理上無限に制作可能である。その無限のバリエーションのうちの一つが、シン・エヴァ冒頭で破壊された映画の中のエッフェル塔だ。

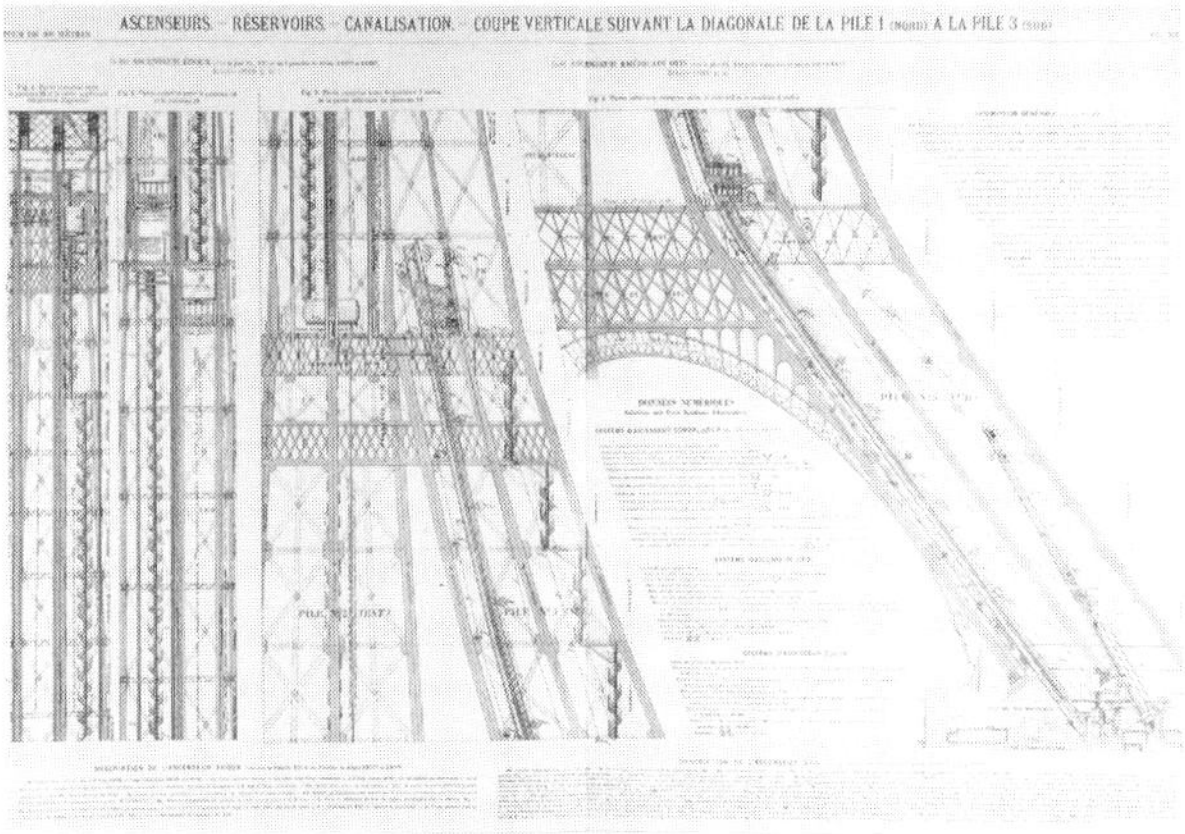

図1　『三〇〇メートルの塔』よりエレベーター、タンク、軌路、梁柱1（北）と梁柱2（南）を結ぶ対角線で切った垂直断面図

真希波・マリ・イラストリアスが操縦する「エヴァンゲリオン8号機β　臨時戦闘形態」が、まるでぞんざいに組み立てたプラモデルのような形態を持つネルフのエヴァンゲリオン「EVA-4444C」の陽電子砲にエッフェル塔をねじこみ、辛くも戦闘に勝利する。シン・エヴァのアバンタイトルの一連のシークエンスは、この映画が模型遊びの映画であるという印象を我々に植え付ける。その印象は、8号機βを取り囲む八隻の戦艦の描写によってより強固になる。なぜならこの戦艦こそ、無限に増殖する所有可能な「イメージ」としての模型だからである。というのも、この戦艦のモデルであると思われるアメリカ海軍のアイオワ級戦艦は実際には四隻しか建造されておらず、この船を八隻並べるという発想自体、プラモデル遊びの想像力の賜物に他ならないからだ。

その戦艦の艦底にはテレビ版『新世紀エヴァンゲリオン』（以下旧エヴァと表記）第六話と『エヴァンゲリヲン新劇場版：序』で描かれた物語序盤のエピソードである「ヤシマ作戦」でエヴァ零号機が使用した盾によく似た物体が貼り付けられており（まるで接着剤でくっつけたかのようだ！）、それらは特撮映画によく見られるピアノ線のようなもので「操演」される。この演出は、模型を制作し、眺め、手に取って遊ぶ行為へのフェティッシュな愛情の発露そのものだと言える。さらに、8号機βを含むエヴァンゲリオン各機体の急ごしらえの改装もまた、プラモデルを改造して自分だけの模型を作り出そうとする改造遊びに似た造形上の快楽を刺激する。シン・エヴァは、模型という無限に増殖可能な「イメージ」を用いた「儀式」を通じて、モノそのものの呪物性を映像に定着させた映画である。

もともとエヴァは九〇年代の模型シーンに熱狂的に受け入れられ、その後の模型産業と模型受容に大きな影響を与えた「模型を作らせたアニメ」である。また、同作は、作品の制作過程で積極的に「模型を使ったアニメ」でもある。本稿では、この模型という無限に増殖可能で所有可能なモノのあり方を考察することで、シン・エヴァの視覚的な特徴を明らかにしていく。

模型を作らせたアニメ

著者の祖父の家の近所に、ＳＦや特撮関連の模型やキャラクターグッズを扱うけったいな店があった。今でいうオタクたちの社交場だったその店は当時未就学児だった筆者には敷居が高く、そこが後に旧エヴァとその劇場版を制作するガイナックスの前身、ゼネラルプロダクツの店舗だったという事実を知ったのは、まさに九〇年代の旧エヴァブーム真っ最中のことであった。

一九八一年生まれの筆者は旧エヴァに強い思い入れを持っている。一九九五年のテレビ版放送当時に三人のエヴァパイロットと同じ一四歳の子供だったからではない。自分の世代に向けて作られた

「俺たちのためのテレビ怪獣モノ（のようなアニメ）」をついにテレビで観ることができたという喜びが大きかったのである。[6] 物心ついた頃に劇場公開された『ゴジラVSビオランテ』（東宝、一九八九年）で洗礼を受け、特撮怪獣モノの面白さに目覚めた筆者に突きつけられたのは、一九八〇～八一年に放送されていた『ウルトラマン80』のあと一九九六年に『ウルトラマンティガ』が始まるまでのじつに一五年間、ウルトラマンの実写テレビシリーズが作られておらず、仮面ライダーのテレビシリーズも一九八八～八九年の『仮面ライダーBLACK RX』を最後に長期間凍結されていたという事実である。その間、東映のいわゆる「メタルヒーロー」シリーズや戦隊シリーズの中に傑作、佳作が散見されたものの、ウルトラマンと仮面ライダーはビデオで旧作を鑑賞するしかなく、自分たちより少し上の世代の人々が子供時代に楽しんだ王道シリーズの視聴体験を共有できないというさびしさに打ちひしがれたものだ。[7]

　旧エヴァは、筆者を含め多くの八〇年代生まれのオタクたちを熱狂させた特撮リバイバルブームの一翼を担った作品であった。この頃、特撮に何が起こっていたのか？　まず、旧エヴァが放送を開始するわずか半年ほど前の一九九五年三月には『ガメラ　大怪獣空中決戦』が公開されている。また、旧エヴァ放送中には『ゴジラVSデストロイア』（一九九五年一二月公開）で『VSビオランテ』に始まる通称「平成ゴジラVS」シリーズが完結しており、一九九七年三月に公開された旧エヴァの劇場版第一弾『新世紀エヴァンゲリオン劇場版　シト新生』と、同年七月に公開された完結編『新世紀エヴァンゲリオン劇場版 Air/まごころを、君に』（以下旧劇場版と表記）は長らく待望されていたウルトラマンの新作『ウルトラマンティガ』（一九九六年九月～一九九七年八月）の放送時期と重なっている。この特撮リバイバルの流れの中で、『ウルトラマン』をはじめとする怪獣モノのニュアンスを持つエヴァは特撮ファンに受け入れられていった。その受容のコンテクストには、『ホビージャパン』や「モデルグラフィックス』をはじめとする模型雑誌の誌面の影響がある。

旧エヴァ放映当時、同作は巨額の投資を必要とするプラモデルが販売できるほどのキャラクタービジネスになるとは期待されていなかった。そのため大手プラモデルメーカーの動きは鈍く、エヴァ関連の模型をいち早く発売したのは海洋堂やコトブキヤのようなガレージキットメーカーだった。さらにいえば、ガレージキットの大型イベントであるワンダーフェスティバルを立ち上げた企業はゼネラルプロダクツである。[8] そのため旧エヴァとガレージキット文化の親和性は高く、アニメ放送直前の一九九五年八月に開催されたワンダーフェスティバルのディーラーブースでは、吉山治樹が手がけたエヴァンゲリオン初号機のアニメーション作画参考用モデルが販売された（図2）。旧エヴァがブームの兆しを見せ始めた時期に模型誌『モデルグラフィックス』が開始したエヴァの連載企画は、この吉山の作画参考用モデルの紹介で始まっている。[9] 吉山はこの模型の制作と販売の経緯を以下のように記述した。

> 最初は頭部だけということと三面図もあったのでそれ程掛からないだろうとタカを括っていたのだが、作って行く内にラインは繋がらないは（引用者註：原文ママ）ラフを含め渡された20枚程（頭部だけで）の設定は全部形が違うはで（引用者註：原文ママ）、さすが山下いくとデザイン、甘く見たわしが悪かった（中略）おまけに納めに行ったとき「じゃあ次は全身ね」と言われた（中略）何度かリテイクをくらいながら作ったのがこの全身モデルといったわけです。ちなみに夏のワンフェ

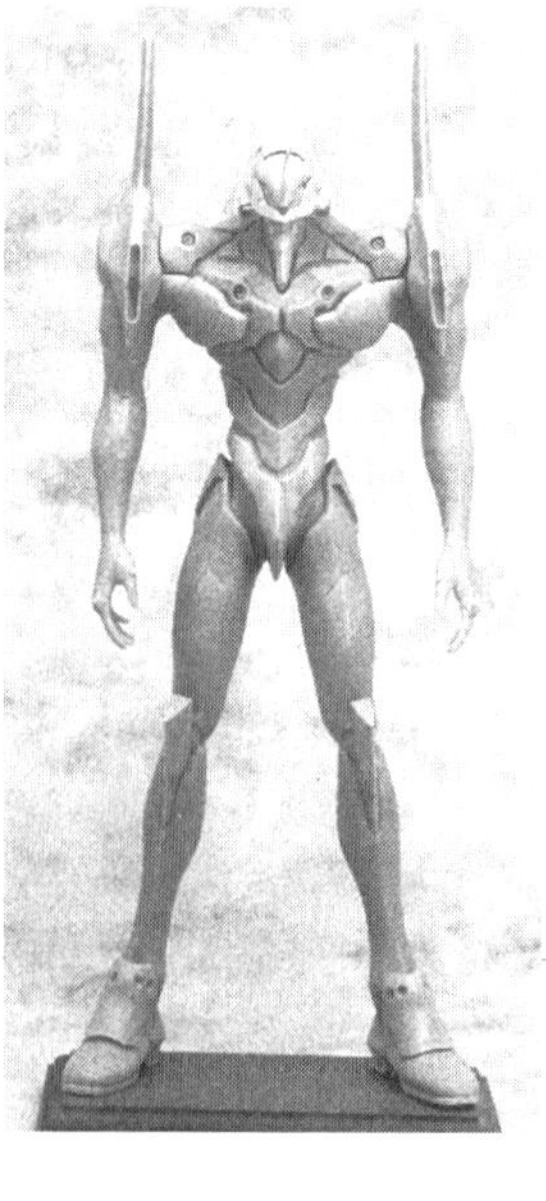

図2　エヴァンゲリオン初号機作画参考用モデル（吉山治樹制作、『ホビージャパン』2019年6月号、52頁）

スで庵野氏の原型費を回収するためにウチのブースで売っていたのですが、番組放送前ということもあってほとんど売れませんでしたシクシク。とりあえず冬ワンフェスにも持って行くんでみんな買っ……じゃなくてよろしく。[10]

　この吉山の記述からは、三次曲面を多用する有機的なエヴァの形態を平面の画稿で破綻なく解釈することが困難であり(ラインが繋がらない)、作画者が機体の形態を把握するためには模型が必要だったことがうかがえる。そして、ほとんど売れなかったとはいえ、アニメの制作現場で用いられた本物のエヴァンゲリオンを一般客が入手する機会があった。以上の二点は、エヴァと模型文化の距離の近さを証明している。

　エヴァの模型はガレージキットシーンにその出自を持つ。そのため旧エヴァブーム最初期の模型には大量生産されたガンプラのような商品性はほとんど期待されておらず、多くのモデラーは原型師各々の作家性に注目した。この動向が当時の特撮リバイバルの流れと軌を一にしていたこともあり、エヴァが特撮のコンテクストにおいて受容される傾向が顕著になった。当時は特撮マニアの審美眼にかなうフィギュアがほとんど大量生産されていなかったこともあって、怪獣のガレージキットはエンスージアストたちが技を競う模型趣味のフラッグシップとして受容されていた。エヴァはその流れに乗ったのである。[11]

　撮影に着ぐるみや模型を使うこともあり、特撮怪獣モノの映像作品と模型雑誌の相性はよかった。旧エヴァブーム当時の模型誌は、同時期に制作されていた前述の「平成ゴジラＶＳ」シリーズや「平成ガメラ三部作」、そして『ウルトラマンティガ』などを頻繁に特集している。模型誌の読者から見れば、映画やテレビ番組の撮影に使われた怪獣の着ぐるみや架空の兵器、そして情景やガジェットは模型のプロフェッショナルの手になる憧れの的である。また、実在するモチーフを正確に縮小し再現することを模型制作の目的とする種類のモデラーから見れば、それらは緻密に考証すべき実物でもある。そこで雑誌は撮影に使われた怪獣やセットの写真をたびたび掲載し、読者はそこから特撮の手法を学んだ。

　怪獣モデラーが参照すべき本物は、常に人が作った模型である。したがって、怪獣をかたどったフィギュアやジオラマは原理的には模型の模型であり、ミニチュアのミニチュアである。しかし、映像の撮影に使われた着ぐるみ、たとえば本物のゴジラやウルトラマンを一般人が手に入れることはできない。ところが、吉山が原型を手がけた本物のエヴァンゲリオンはワンダーフェスティバルで買えた。模型誌がその事実を掲載したことで、模型ファンたちはエヴァとガレージキット文化をイコールで結び、このアニメ作品を熱狂的に受け入れたのである。

　やや遅れて、バンダイがエヴァのプラモデルを発売した。しかしながら、当初販売されていたエヴァのプラモデルは簡易金型を使用し単色で成型された「リミテッドモデル（ＬＭ）」というシリーズであり、ガレージキットもしくはミリタリー模型に使用する軍人のフィギュアに似た構成の商品だった。[12] 同社ホビー事業部（当時）の川口克己は、「リミテッドモデルって実際のところどーなのよっ!?」と題する『モデルグラフィックス』のインタビューに応じ、このＬＭシリーズの仕様は同社のガンプラのように多額の売上が見込めない模型でも採算が取れるように決定されたと説明したうえで、ＬＭ版エヴァの遊び方を以下のように提案している。

ＭＧ（引用者註：モデルグラフィックスのこと）の読者さんなんかとかね、そういった方はこれを素材にしてもらって、作るときは人形改造じゃないけれども曲げてもらうのもいいだろうし[13]

「人形改造」は、スケールモデルの情景に添えるフィギュアを加工して自分好みの人形を作る遊びであり、現在ではＡＦＶ（Armoured Fighting Vehicle、戦車や装甲車などの装甲戦闘車両のこと）の国際スケールである１／35スケールのミリタリーフィギュアの改造がこの趣味の主流となっている。[14] ＬＭのエヴァはほとんど棒立ちの模型だったために、説明書通りに組んで楽しむ「パチ組み」で満足できる商品にはなっておらず、むしろ腕自慢のモデラーが自分のイメージする固定ポーズのフィギュアを作るための素材として利用された。この「人形改造」の作例は様々な雑誌に掲載されているが、実在兵器のスケールモデルと組み合わせた情景作品が散見される点が興味深い。[15] この「人形改造」的な傾向はバンダイからガンプラと同様の仕様を備えたリミテッドモデル・ハイグレード（ＬＭＨＧ）シリーズが発売されたあとも続いた。とりわけ、『新世紀エヴァンゲリオン劇場版・シト新生』公開時の『ホビージャパン』に掲載されたエヴァ弐号機の作例[16]（図３）は当時のエヴァの模型のコンテクストを知るうえでもっ

図３　弐号機再起動（島脇秀樹制作、『ホビージャパン』1997年８月号、17頁）

とも興味深い。「ジオフロント」内の地底湖で「戦略自衛隊」を相手に大立ち回りを演じるエヴァ弐号機の姿を再現したこのジオラマもまた、エヴァンゲリオンのプラモデルと実在の兵器であるアメリカ海軍のスプルーアンス級駆逐艦のスケールモデル（ちなみに、映画で弐号機が放り投げる軍艦はソビエト連邦・ロシア海軍のウダロイ級駆逐艦である）を組み合わせた作品である。これはもちろんアニメのシーンの再現であるが、歴史上は存在しないはずの八隻のアイオワ級戦艦を振り回し、エヴァ8号機βがエッフェル塔を持ち上げて敵のエヴァを破壊するというシン・エヴァ冒頭の映像の模型遊びの構造は、筆者が指摘するまでもなく九〇年代のモデラーたちの作品がすでに視覚化していたのである。なぜなら、そもそもエヴァというアニメ自体が模型と模型の想像力を使って構成された映像作品だったからだ。

模型を使ったアニメ

エヴァの映像は、それ自体が模型遊びの発展形である。たとえば、旧エヴァ第八話「アスカ、来日」に登場する「国連軍太平洋艦隊」はアメリカ海軍、ロシア海軍、海上自衛隊の軍艦からなる多国籍の艦隊であり、アメリカ海軍のニミッツ級航空母艦にロシア海軍の戦闘機Su-33フランカーD（Su-27K）が搭載されているなど、現実の軍隊ではまず考えられない運用の様子が描写されている。これは卓上に並べたプラモデルを通じて展開される空想遊びそのものであり、事実、弐号機に空母を踏み台にされて飛行甲板からなだれ落ちるSu-33の動きは、板の上に載せたミニチュアが滑り落ちていく様子を再現したかのように描かれている。前節で言及したプラモデルの作例は、この映像のつくりを見抜いたモデラーによるものである。

シン・エヴァの物語序盤で重要な役割を果たす「第3村」もまた、存在そのものが模型である。この村は静岡県浜松市に実在する天竜浜名湖鉄道天竜浜名湖線の天竜二俣駅をモデルにしており、同駅

図4　第3村の情景（YouTubeチャンネル株式会社カラー khara inc.official「追告A『シン・エヴァンゲリオン劇場版』絶賛公開中」より引用）

を象徴する転車台と扇形車庫はシン・エヴァでも印象的なモチーフとして描かれている。作中では「ニアリードインパクト」による破壊からかろうじて逃れたそれら駅の施設を中心に生存者たちのコミュニティが築かれているが、その風景はいささか奇妙である。第3村に張り巡らされた線路の上には架線がない。つまり第3村がある場所に敷設されている鉄道は非電化路線である。したがって、本来ここにはディーゼル車のみが置かれるべきだ。しかしながら、筆者が同定できたかぎり、第3村には国鉄105系電車（クモハ105形）、国鉄キハ40系気動車、国鉄40系電車（モハ40、41形）、国鉄42系電車（モハ42形）、国鉄123系電車（クモハ123形）が配置されている（図4）。つまり、キハ40系をのぞいて、そのほとんどは天竜浜名湖線を走れない電車なのである。しかも、それらは総監督の庵野秀明の故郷である山口県宇部市周辺を走っていた旧国鉄もしくはJR西日本の車両である。動力もちがえば使用されていた年代も、走っていた土地もちがう。これらのちがいを実際の鉄道が吸収することはあり得ない。この第3村の描写を可能にするのは本物の鉄道ではなく鉄道模型のシステムである。

カラーは、この村の情景を設定するために約四×九メートル、1／45スケールのミニチュアセットを作っている。このミニチュアセットにはＯゲージ（三二mm軌間）の線路が走っており、その作りはまったく鉄道模型のレイアウトそのものだ。現在、日本では一六・五mm軌間のＨＯゲージや九mm軌間のＮゲージが主流の規格となっているが、昭和二〇年代から三〇年代中頃まで、日本ではこのＯゲージが主流であった。一九〇〇年頃にドイツのメルクリンが導入してからヨーロッパやアメリカで最も普及していたこの規格を用いれば、同じ線路の上に様々な国の機関車を走らせられるということで、Ｏゲージ規格の利便性と楽しさが喧伝されたからである。現実の世界では天竜浜名湖線のレールの上をＪＲ西日本の電車が走ることはできないが、模型の世界では、レールの規格さえ同じであれば時間も空間も動力源のちがいも超えた車両を混在させられるのだ。この模型の想像力こそが、リアリズムを追求しているように見えてどこか作り物の雰囲気がある第3村の描写を規定するのである。

　シン・エヴァの第3村の情景は破滅の後の人々の慎ましやかな生活を描いているが、この鉄道模型遊びはかつて「モデルレイルローディング」と呼ばれ、そのレイアウトに愛好家の「夢」を託す趣味であった。『鉄道少年たちの時代』[17]のなかで辻泉は、鉄道を「想像力のメディア」と呼び、その想像力の各時代ごとの差異を明らかにしている。辻によると、戦前の汽車が戦闘機や軍艦と並ぶ「空想のメディア」であったのに対して、戦後電車が主役になった後の鉄道、すなわち「オタク第一世代」にあたる庵野秀明の世代にとっての鉄道は、少年たちの「夢」を託される「想像力のメディア」であった。敗戦によって植民地を失った戦後日本の子供は空間の広がりに関する想像力を失う一方で、「夢の超特急」と呼ばれた新幹線に代表される先端技術を通じて未来を夢想するメディアとして楽しまれるようになったのだという[18]。電車の時代には未来世界を描いたＳＦが人気を博しており、電車少年とＳＦ少年はほぼ同時代的な存在であったと辻は述べる。人類の終末を描いたＳＦであるエヴァにおいて、シンジが未来への希望を見出す場所としての役割を持つ第3村の情景は、かつての子供たちが未来への想像力を託した媒体である電車によってこそ描かれなければならなかったのである。

模型としてのアニメ

碇ゲンドウは人類補完計画を実行した。旧劇場版のそれはアーサー・C・クラークが著した『幼年期の終り』のラストシーンを強く連想させる映像によって表現されていたが、シン・エヴァの人類補完計画は、碇親子の最終決戦時に挿入されるゲンドウの独白と、映画の撮影スタジオを直接的に描写したメタ映画的な演出によって説明される。

ゲンドウは「マイナス宇宙」「ゴルゴダオブジェクト」という用語によって『ウルトラマンA』第一三～一四話のエピソードを観客に連想させたうえ、「虚構と現実を同一化して世界の認識を書き換える」というセリフでエヴァという物語が特撮をはじめとする先行作品の模型であること、そして自らがフィクションの世界の到来を強く望んでいることを露悪的なまでに説明する。このマイナス宇宙のできごとは人間の五感では認知できず、「LCL」が自分の記憶や意識にあるイメージを脳に知覚させていると説明される。シンジの記憶や意識の中にあるイメージとして描写されるこの決闘の見所はエヴァ初号機と13号機が特撮番組の撮影スタジオで戦うシーンであるが、そこに特撮番組の背景画を描き続けた島倉二千六の絵が配置されていることには大きな意味がある。シン・エヴァは、父子の決闘に特撮に使われる本物の模型である島倉の背景画を紛れ込ませることでラストシーンの実写パートの準備を周到に行った。これによってシン・エヴァは、模型を作らせたアニメでも、模型を使ったアニメでもない、模型としてのアニメになったのである。

模型としてのアニメとはなにか。それは、映像制作の手法をモデル化し、まるでプラモデルのように人々が手に取ってアニメの作り方を理解できるようなアニメのことである。この意味で、シン・エヴァは一九〇〇年に出版された『三〇〇メートルの塔』と同じ、巨大なプロジェクトの設計図のようなものだ。模型と戯れ、その成果を映像に焼き付けること。そのプロセスを経て作られたアニメ作品の制作手法、意図、思想をテレビのドキュメンタリーやＳＮＳ上の広報を通じて過剰なまでに説明し、観客と共有する。そうすることでエヴァというアニメそれ自体が、エッフェル塔のように無限に増殖し、複雑化され、人々に所有され続ける「イメージ」と化す。このシン・エヴァというアニメは、自らをアニメの模型にすることで大団円のうちに完結したのである。

註

1　からぱた「Excusez-moi, Eiffel!／満を持して、「エッフェル塔のプラモデル」を買う。」、『nipper』二〇二一年三月一四日更新、https://nipper.com/2021/03/24734/（最終閲覧日：二〇二一年六月四日）

2　松浦寿輝『エッフェル塔試論』筑摩書房、一九九五年。なお本論執筆においては文庫版（ちくま学芸文庫、二〇〇〇年）を参照した。

3　同書、三四〜三六頁。

4　同書、三七頁。

5　同書、四二〇頁。

6　この世代の特撮ファンが共有している時代感覚については、中沢健『平成特撮世代　新時代のゴジラ、ガメラ、ウルトラマンと仮面ライダー』洋泉社、二〇一七年参照。また、平成時代の特撮映画・番組の

7 概要については、別冊映画秘宝編集部編『平成大特撮1989―2019』洋泉社、二〇一九年参照。ちなみに筆者は、『宇宙戦艦ヤマト』や『銀河鉄道999』、『機動戦士ガンダム』が火をつけたとされる一九七〇年代末から八〇年代初頭のいわゆる「アニメブーム」も直接経験していない。ガンダムの子供向け派生企画であるSDガンダムのプラモデルをきっかけにして『ガンダム』のアニメに触れるのが当時の典型的なオタク少年の姿であった。

8 一九八四年一二月にゼネラルプロダクツ大阪店でプレイベントを開催。この時は『ゴジラ』をはじめとする「生モノ」が中心であったとされる。一九八五年に東京で第一回ワンダーフェスティバルが開催され、一九九二年夏からは海洋堂が運営を引き継いだ。「これまでのワンダーフェスティバル」『ワンダーフェスティバル』、https://wonfes.jp/pastlist/（最終閲覧日：二〇二一年三月三〇日）。

9 連載企画『新世紀エヴァンゲリオン』第一回の目玉作品として同作を取り上げた『モデルグラフィックス』一九九六年二月号の巻頭特集は、奇しくも庵野秀明の師匠筋にあたる宮崎駿のイラストエッセイ・マンガ「宮崎駿の雑想ノート」のラジオドラマ化を記念する「ラジオ化記念　宮崎駿の雑想ノート　妄想から現実へ…」であった。宮崎自身は軍事関係の兵器と模型に造詣が深く、実在または架空の兵器をモチーフとし、史実と空想を織り交ぜた「雑想ノート」を同誌に不定期連載していた。宮崎駿『宮崎駿の雑想ノート』増補改訂版、大日本絵画、一九九七年。

10 吉山治樹「日本一のエヴァンゲリオン男、地獄でニヤリと笑う。」『モデルグラフィックス』大日本絵画、一九九六年二月号、一三二頁。

11 エヴァのガレージキットについては、『美少女戦士セーラームーン』以降模型誌が特集するジャンルとなったキャラクターフィギュアに対する影響も極めて大きいが、本項では紙幅の都合上その点についての議論は省略する。

12 ガンプラを展開するバンダイの製品に期待されるような、各関節可動、多色成形、接着剤不要のキャラクターモデルは、「リミテッドモデル・ハイグレード（LMHG）」シリーズの発売まで待たなければならなかった。

13 「TALK ABOUT LIMITED MODEL　リミテッドモデルって実際のところどーなのよっ!?」『モデルグラフィックス』大日本絵画、一九九六年五月号、一七～一九頁。

14 日本国内では、一九七三年に第一回コンテストが開催されたタミヤ主催の「人形改造コンテスト」が有名である。なお、アニメキャラクターのフィギュア黎明期には、この人形改造の作例が散見される。たとえば模型雑誌によるアニメ特集の先駆けとなった『ホビージャパン』の特集「松本零士の世界」には、1／35のミリタリーフィギュアを改造した鉄郎とメーテルの記事が掲載されている。『ホビージャパン』ホビージャパン、一九八〇年一〇月号、二六～二七頁参照。

15 たとえば、旧エヴァ第八話のエヴァンゲリオン弐号機の登場シーンを再現した藤川明日香の作例（『ホビージャパン』ホビージャパン、一九九五年五月号、一一～一三頁）では、ピットロード製の海上自衛隊イージス艦こんごう級一番艦こんごうのキットをベースにしている。

16 島脇秀樹「弐号機再起動」『ホビージャパン』ホビージャパン、一九九七年八月号、一六～二〇頁。

17 辻泉『鉄道少年たちの時代　想像力の社会史』勁草書房、二〇一八年。

18 同書、二二二～二二五頁。

『シン・エヴァンゲリオン劇場版𝄇』に見られる「特撮表現」

坂口将史

アニメ・特撮双方の旗手

『トップをねらえ！』（１９８８〜89年）、『ふしぎの海のナディア』（１９９０〜91年）、「エヴァンゲリオン」シリーズでその名を知られ、日本アニメ史において欠かせない存在となっている庵野秀明。「館長　庵野秀明　特撮博物館　ミニチュアで見る昭和平成の技」（２０１２年）（以下、「特撮博物館」）の開催をはじめとする日本の特撮の文化的な保存の動きの先鞭をつけるなど、その活躍はアニメ界に留まらない。現在は特定非営利活動法人アニメ特撮アーカイブ機構（ＡＴＡＣ）の理事長を務めており、まさにアニメ・特撮双方における文化の中心にいるといえよう。そして庵野の最新作『シン・エヴァンゲリオン劇場版𝄇』は、アニメの中に特撮の要素が組み込まれた、庵野の文化的な位置づけを象徴するかのような作品であった。庵野自身も劇場パンフレットにて「ヱヴァ：破の頃から試みていた特撮映像の手法と感覚を取り入れたアニメ映像の面白さ。／ヱヴァ：破の頃から願っていた実写映像の方法論と技術論を取り入れたアニメ映像の面白さ。[1]」が本作では描かれていると述べている。そこで本稿では、「ヱヴァンゲリヲン新劇場版」シリーズ、及び『シン・ゴジラ』を中心に、庵野の作品と特撮の関係性を概観し、『シン・エヴァンゲリオン劇場版𝄇』にて行われた特撮の要素が果たす効果について検討を行っていく。

アニメに導入される特撮

庵野秀明は、幼少期よりアニメや特撮に親しんでおり、『愛國戰隊大日本』（1982年）、『DAICON FILM版　帰ってきたウルトラマン　マットアロー1号発進命令』（1983年）など、アマチュア時代から特撮作品を手掛けていたことが知られている。その後の『トップをねらえ！』や『ふしぎの海のナディア』といった庵野が監督、総監督を担当したアニメ作品においては、デザインや名称における特撮作品のオマージュだけでなく、ピアノ線による操演やミニチュアセットの飾りつけ、合成といった特撮の撮影をアニメで表現するような画作りを行っている。こうした流れは『新世紀エヴァンゲリオン』（1995〜96年）においても引き継がれており、例えばエヴァンゲリオンや使徒の出現・戦闘シーンの画面レイアウトなどで特撮を意識した画作りが行われている。その意味でも「エヴァの原点は、ウルトラマンと巨神兵。」という「特撮博物館」のキャッチコピーは、庵野の創作にとっての特撮とアニメの位置付けを象徴的に表わしている。

庵野による特撮を意識したアニメ表現は、「ヱヴァンゲリヲン新劇場版」シリーズにおいて本格化することとなる。シリーズ第一弾である『ヱヴァンゲリヲン新劇場版：序』（2007年）は、「ミニチュア特撮の雰囲気というものを、アニメーションの世界でやってみたい」[2]ということが作品制作の命題の一つとなっていた。その手段として用いられたのが3DCGの技術であり、そのCGの表現にミニチュア特撮的な表現を加えることによって、「CGにフェチズム」[3]を与えることが目指された。『ウルトラセブン』（1967〜68年）のヴィラ星人[4]に仕込まれた機電の動きを再現した第5の使徒の胸の触手は、[5]特撮的なディテールを３ＤＣＧに組み込むことで可能となった表現である。その他にも、３ＤＣＧ空間を作り込むにあたって、『ウルトラマンタロウ』（１９７３〜74年）のミニチュアセットの広大さを再現するよう指示されていたという。[6]このように『ヱヴァンゲリヲン新劇場版：序』においては、それまでの庵野作品に見られるような図像的な面でのアニメによる特撮的な映像表現の再現に留まらず、ギミックや三次元的な空間への意識といった、特撮の物理的なモノとしての特性をアニメへ取り込むといった方向性で特撮的な映像表現が行われたのである。

こうした「特撮をアニメへ」という庵野の意識は、『ヱヴァンゲリヲン新劇場版：破』（２００９年）においてさらなる段階へと進むこととなる。本作では、建物や街並みの装飾物の３ＤＣＧモデルが特撮のミニチュアの図面を用いて制作され、それを用いることで３ＤＣＧ空間上での街の特撮ステージの再現が試みられた。[7]そして特撮ステージを再現するにあたって、樋口真嗣、神谷誠、三池敏夫といった「平成ガメラシリーズ」をはじめとする数々の特撮作品を手掛けた３名により、デジタル部のスタッフへのレクチャーが行われたという。そのレクチャーは、アオリのアングルを用いる、地図通りに建物を配置するのではなく、カメラアングルに合わせてからの見栄えが良いようにミニチュアを配置する、ミニチュアに高低差を付ける、[8]スケールの異なるミニチュアを用いて「手前だけ大きいミニチュアを置き、飾りを足していく[9]」といったものであったという。こうした特撮におけるミニチュア配置の方法論は、固定されたカメラアングルにおいて多大な効果を発揮するものであり、「平成ガメラシリーズ」において多用されている。こうして『ヱヴァンゲリヲン新劇場版：破』では、実際の特撮作品における方法論を用いて３ＤＣＧの街並みが作成されたのである。これは『ヱヴァンゲリヲン新劇場版：序』における３ＤＣＧを用いた特撮表現の再現を超えた、３ＤＣＧ空間上における疑似的な特撮セットの構築である。そして庵野はこの疑似的な「特撮セットの中にセルアニメを融合[10]」させるというイメージのもとで、本作の画作りを行っていったのである。

特撮作品における庵野のアプローチ

３ＤＣＧというデジタル技術を通して特撮とアニメの融合を試みた庵野秀明がその後制作に関わることとなった特撮作品が、『巨神兵東京に現わる』（２０１２年）と『シン・ゴジラ』（２０１６年）である。これらの作品の成功によって、近年の庵野の特撮界における位置付けが確立されることとなるのだが、ミニチュア特撮に対するアプローチはそれぞれの作品で真逆のものであった。

『巨神兵東京に現わる』は、「特撮博物館」のために制作された短編映像であり、庵野は本作の企画・製作・脚本を担当した。本作では『風の谷のナウシカ』（１９８４年）で庵野が原画を担当した巨神兵を主役に、巨神兵によって街が破壊され、「火の七日間」へと至る様子が描かれている。本作は「特撮の魅力、面白さとは何かを再考し、その答えの集合体となった作品」[11]として企画されているため、ＣＧを一切使用せず、アナログによるミニチュアワークでの新たな表現の可能性が模索された。その結果、本作では文楽人形にインスパイアされた巨神兵の動き、火薬を用いないビル破壊表現など、数多くの新しい特撮ヴィジュアルが提示されている。また、本作は巨神兵が暴れる様を描いた作品パートと、その撮影風景を映したメイキングパートの二つに分かれており、職人の技である特撮技術がどのような映像表現として画面に現れるのかを鑑賞者に伝える構成となっている。こうした特撮のメイキングは、新聞や雑誌、あるいは映像ソフトなどによってこれまでも積極的に公開されてきた。庵野自身も、こうしたメイキングなどによって提供される「ミニチュアと思えなかった画面がそれと知った驚き」[12]が特撮作品の魅力の一つであると述べている。本作は「特撮博物館」において好評を得ただけでなく、「なるべく全国で見て欲しい」という庵野の意向によって[13]、作品パートのみ、かつＣＧ

によるエフェクトを足された形ではあるものの、『ヱヴァンゲリヲン新劇場版：Ｑ』（２０１２年）と同時上映されることとなった。併映という形でアニメ興行プログラムに特撮が組み込まれることは、特撮とアニメが「テレビまんが」として渾然一体となっていた１９７０年代後半までの時代[14]においては多数の類例が見られるが、「特撮」と「アニメ」としてジャンルが細分化された現在においては特殊な事例である。ここでもある種の「特撮とアニメの融合」が試みられているのだ。

一方、庵野が総監督を務めた特撮作品である『シン・ゴジラ』は、アナログの特撮技術に徹底的にこだわった『巨神兵東京に現わる』とは異なり、ミニチュア特撮の使用が非常に少ない。これについて、庵野は次のように答えている。

> ミニチュアセットの縮尺を変えて疑似的なパース表現により現実的な大きさを描く独特な世界観が、本作には合わなかったんですね。あまりミニチュアに見えないミニチュア映像、あまりＣＧに見えないＣＧ映像が本作の世界観を支えていると思います[15]。

ここで庵野が「本作には合わない」と判断した「ミニチュアセットの縮尺を変えて疑似的なパース表現により現実的な大きさを描く」特撮表現とは、『ヱヴァンゲリヲン新劇場版：破』における疑似的なミニチュアセットの構築に採用された、固定されたアングルに合わせて画作りを行う手法である。これに対して庵野が『シン・ゴジラ』で用いた３ＤＣＧによる街並みの表現は、デジタル空間上で現実の風景をトレースしたかのような再現度の街並み[16]を構築し、ヴァーチャルカメラで様々な角度からカメラアングルを検討するというものであった。カメラアングルの検討は、『ヱヴァンゲリヲン新劇場版：Ｑ』の予告で用いられたプリヴィズを本格採用することによって行われている。こうした「本物そっくりに作られたモノ（＝模型）を使用し、被写体の最適なアングルを探す」という庵野の『シン・ゴジラ』での撮影アプローチは、デジタルの３ＤＣＧとアナログのミニチュアという違いはあるものの、実は戦後の東方特撮作品における円谷英二の特撮ミニチュアに対するアプローチに近いものである。円谷英二は次のように語っている。

ミニチュア・セットの便利な点は、町でも野山でも、上から横から自由自在に写すことができること、火事や噴火や戦争の場面でも、くふう一つでどのようにでも写せること、もう一つは実際にその場まで写しに行かなくてすむので、撮影日数を短くすることができることなどです。[17]

また、高い精度のミニチュアを制作することによって黄金時代の東宝を支えた特撮美術監督の井上泰幸も、円谷の特撮へのアプローチについて次のように語っている。

オヤジ（著者注：円谷英二）自身、撮影前に具体的なシーンのイメージが特にあったわけでもなく、それでこちらが撮影当日に監督が気に入った角度から撮影が出来るよう、巨大なセットを造ることが当然のようになっていたのです。この手法は一見効率が悪いように思われそうですが、東宝特撮にとって重要な要素ではないかとも思っています。実際、オヤジは特撮セットが完成してから、セットのロケハンをして、どの方向からどのように撮るかを考えていましたから。[18]

同じく井上が語る『妖星ゴラス』（１９６２年）撮影の際に起きた次のエピソードからも、ミニチュアセットとカメラアングルに対する円谷の意識を窺うことができる。

南極基地の広大さを表現するために、遠近のついたセットを作りました。ヘリコプターからの高いアングル、低いアングル、双方からセットが撮影されるということまで考慮に入れました。（中略）ただしオヤジさんはセットを歩き回りながら、ご機嫌斜めでしたね。監督が置きたい場所にキャメラを設置できなかったからです。[19]

以上のことから、当時の円谷は本物そっくりのミニチュアセットを作り、アングルを様々な方向から検証するという撮影方法を理想としていたことが分かる。そして『妖星ゴラス』のエピソードに見られるように、いかに優れた画面表現が可能なミニチュアセットであっても、カメラアングルを制限されるような、いわば『ヱヴァンゲリヲン新劇場版：破』でも採用されたようなセットは、円谷の求める特撮の在り方とはズレたものである。その意味で庵野の『シン・ゴジラ』でのアプローチは、モノとしてのミニチュアを直接用いたわけではないものの、円谷の理想とする特撮観を３ＤＣＧのデジタル技術を用いて再提示したものと言えるだろう。このように、それまでの「ヱヴァンゲリヲン新劇場版」シリーズとは異なる方向ではあるものの、『シン・ゴジラ』においても３ＤＣＧへの特撮感覚の導入が行われていたのである。

特撮とアニメが渾然一体に

ここまで見てきたように、庵野秀明は自身の作品を通して二つの方向性の特撮感覚を３ＤＣＧへ導入してきた。一つは『ヱヴァンゲリヲン新劇場版：破』で採用されたような、アングルを固定した上での画面作りを意識したミニチュアセットであり、ミニチュアと実景の間の類似度よりもファインダー越しに得られる映像の見えを重視することから、こちらを「二次元的な特撮表現」と呼ぶこととする。そしてもう一つが、『シン・ゴジラ』で採用されたような、多方面からのカメラアングルに対応することが可能な「本物そっくりの」模型を用いた特撮表現であり、こちらを先述の表現方法と対比して「三次元的な特撮表現」と呼ぶこととする。そして『シン・エヴァンゲリオン劇場版𝄇』においては、これら二つの方向性の特撮表現が、さらに発展した形でアニメ表現と融合されることとなった。「二次元的な特撮表現」が見られるのは、本作後半で描かれる、「ゴルゴダオブジェクト」内の第３新東京市（のように見える場所）における、エヴァンゲリオン初号機と13号機の決戦場面である。この場面では「二次元的な特撮表現」による３ＤＣＧビルの配置がなされているだけでなく、特撮作品でホリゾントを手掛けた島倉二千六によって描かれた青空が背景に使用されており、『エヴァンゲリヲン新劇場版：破』以上に３ＤＣＧによる特撮ミニチュアセットの再現に力が入れられた場面となっている。そしてこの初号機と13号機の戦闘場面においては、カメラアングルが突如俯瞰へと切り替わるタイミングが存在する。その俯瞰のカメラアングルによって、それまで大きな違和感を観客に生じさせていなかった街並みが、実際には異様に広い道路や奇妙な建物によって構成されていることが明らかとなる。これは「二次元的な特撮表現」が、あくまでも特定のカメラアングルでしか成立しないものであるということの暴露である。また、初号機と衝突したにもかかわらず、物理的な建物として壊れることなく一塊の物体として吹き飛ばされる家屋もまた、それがミニチュアとして作られたモノであることを暴露する。これらは「ミニチュアと思えなかった画面がそれと知った驚き」という庵野の語る特撮の魅力、すなわちメイキングの感覚をドラマの中で映像化したものである。

　ではなぜ庵野は本作においてここまでの特撮表現の再現に拘った描写を行ったのか。それは、庵野の考える特撮表現の持つ特性が、この場面の演出に不可欠だったからだと考えられる。庵野は特撮について、次のように語っている。

特撮映像最大の特徴は「現実と虚構」の間を描けるところだと思っています。切り取られた現実の映像の中に虚構を付加して、混在させ融合させる。そこが特撮映像の持つ面白さだと感じています。全てが虚構世界で作られるアニメーションでは出来ない表現です。特撮だけが描けるんですよ、現実と虚構が融合した世界観を。[20]

本作における「二次元的な特撮表現」が行われる場面は、虚構と現実が交錯する「ゴルゴダオブジェクト」の中での戦いにおいてであり、「現実と虚構が融合した世界観」の描写が演出上要請されている場面である。そして庵野の発言を参照すれば、こうした世界観を描くことができるのは「特撮だけ」なのである。このように、本作においては３ＤＣＧにおける特撮表現の再現が、３ＤＣＧ表現の可能性の追求であるだけでなく、物語から要請される画の提示という演出としての機能も果たしているのである。

一方、「三次元的な特撮表現」については、本作においてはモノとしてのミニチュアセットと３ＤＣＧの双方が活用されている。例えば第3村の広場やネルフ第2支部Ｎ１０９棟跡についてはモノとしてのミニチュアセットが制作され、ミニチュアセットそのものやそれを３Ｄスキャナーで取り込み３ＤＣＧ化したものを使用してカメラアングルの検討が行われた。[21]

またこの「三次元的な特撮表現」の考え方は、本作におけるプリヴィズの位置付けにも強く現れている。プリヴィズを大々的に使用した『シン・ゴジラ』においては、ＣＧ合成用のプリヴィズと本編撮影用のプリヴィズが共に制作されたが、その使用方法が異なるものであった。ＣＧ合成用のプリヴィズは「最初の到達点を目指して精査」[22]されたものであり、カメラアングルからCGキャラクターの動きのイメージに至るまで、CGのブラッシュアップを除けばほぼ完成映像と遜色のないイメージまでの追求がプリヴィズで行われた。これについては先述の通り、「三次元的な特撮表現」をCGで疑似的に再現するというアプローチとして捉えられる。これに対して本編撮影用のプリヴィズは、プリヴィズの画を正確になぞるようにして完成映像を作り上げるといったCG合成用のような用いられ方がされることはなかった。役者の思うままに一連の芝居をさせ、それを多数のカメラアングルから撮り、編集でベストなものを選択して繋ぐという撮影方法であったため、プリヴィズとは「まるで違うカット割りで撮ったシーンがほとんど」[23]であったという。こうした『シン・ゴジラ』におけるプリヴィズに対するアプローチの使い分けは、庵野の実写に対する以下のような考え方がベースにあると考えられる。

> 僕は実写制作をする際は、出来るだけアニメと異なる方法論で作りたい。極論すると実写の現場は無駄が可能なんです。カメラの数だけ、違うアングルで撮影出来ます。アニメじゃコンテ以外のアングルは例外を除き、まず出てこないんですよ。もちろん実写も画コンテに合わせた撮影も可能です。しかし、実写だからこそ出来る異なるアングルを試したり、違う編集点を探るチャンスが使えるなら、そこは最大限活用したい。[24]
>
> 芝居や演技プランは基本的に役者本人にお任せでした。アニメではないので先に自分のイメージを持ちたくなかったし、イメージを押し付けて芝居を固定したくなかったし、何よりも自分が役者を動かしてしまうと、段取り優先のいわゆる「劇」になってしまうんですね。（中略）僕の方で

台詞のスピードやタイミングを編集も含めてほぼコントロールしてしまっているので、それ以上は自分の意図というか演出をあまり入れたくなかったんです。[25]

すなわち、『シン・ゴジラ』の本編パートは現場における役者の芝居とカメラによって作り出される画こそが画作りのベースにあるのであり、プリヴィズはセットやカメラの事前の検討モデルでしかない。それゆえ「三次元的な特撮表現」的なアプローチは『シン・ゴジラ』の本編撮影用のプリヴィズでは用いられていなかったのである。

だが『シン・エヴァンゲリオン劇場版𝄇』においては、人間キャラクター同士の芝居部分についても、モーションキャプチャーを使って実際の人間の演技を3DCGに取り込んだプリヴィズが制作され、それを用いて『シン・ゴジラ』のCG合成用のプリヴィズと同様の形でカメラアングルの検討が行われた。[26]これは生の人間の芝居をそのまま映像作品に反映させるという点では実写的な画作りの要素を持っているが、一方でモーションキャプチャーの技術によって人間の動きそのものが一種のミニチュアモデルとして3DCG空間に定位されているとも捉えることができる。そしてその「ミニチュアモデル」に対して様々な方向からのカメラアングルの検討を行うという映像表現は、「三次元的な特撮表現」をデジタル技術による発展させたものと言えるだろう。庵野はこのプリヴィズによる画作りを通して、『シン・エヴァンゲリオン劇場版𝄇』にて「画コンテを描いてレイアウトを決めて、という作り方ではない方法[27]」によるアニメ制作に挑戦した。この手法について、庵野はインタビューに次のように答えている。

想像でやるんだったら 最初から画コンテ書いた方が早い

やっぱり頭の中で作ると
その人の脳の中にある世界で 終わっちゃうんですよ
その人の外がないんだよね
自分の外にあるもので表現したい
肥大化したエゴに対する
アンチテーゼかもしれない
アニメーションってエゴの塊だから[28]

庵野は人の頭の中にあるイメージを超えた画作りを行うために、アニメ制作における脱画コンテを行った。その際の映像表現のよりどころとなったのが、実写的な側面と特撮的な側面の双方を持ち、デジタル上ではあるものの、脳内のイメージではなく被写体そのものにカメラを携えて向き合うことのできるプリヴィズという表現手法だったのである。

新世紀の「特撮表現」へ

庵野秀明は自身のキャリアの初期から特撮のアニメへの導入を行っており、「ヱヴァンゲリヲン新劇場版」シリーズにおいては３ＤＣＧを活用して「特撮そのもの」をアニメへと取り込む試みがなされてきた。そしてそれらの試みは「ヱヴァンゲリヲン新劇場版」シリーズや『シン・ゴジラ』を経て「二次元的な特撮表現」と「三次元的な特撮表現」の双方をデジタル上で活用させることを可能にし、『シン・エヴァンゲリオン劇場版𝄇』におけるアニメと特撮が渾然一体となった独自の映像表現へと昇華させるまで至った。その表現は「虚構と現実が融合した世界観の表現」や「被写体としてのミニチュアを前にした多方面からのカメラアングルの検証」といった特撮の本質を取り込んでいる点で、多くの特撮の表層的なオマージュとは大きく異なっている。その意味で庵野は、ＡＴＡＣ理事長として特撮文化の保存の先陣を切りながら、特撮表現の新たな可能性を作品の中で実践してもいるのである。今後も庵野は『シン・ウルトラマン』や『シン・仮面ライダー』といった特撮作品の制作に携わることがアナウンスされているが、それらの作品において『シン・エヴァンゲリオン劇場版𝄇』で提示された特撮の本質を捉えた映像表現がどのように関わってくるのか、日本における特撮文化の今後の変容を確認するためにも、注視していく必要があるだろう。

註

1 庵野秀明監修『シン・エヴァンゲリオン劇場版𝄇（劇場パンフレット）』（カラー、２０２１年）P2
2 庵野秀明企画・監修『ヱヴァンゲリヲン新劇場版：序　全記録全集』（カラー、２００８年）P452
3 前掲書 P453
4 『ウルトラセブン』第5話「消された時間」に登場する宇宙人。放送当時は「ヴィラ星人」の名で呼ばれていたため、庵野はこちらの表記を使用しているが、現在は「ビラ星人」表記に統一されている。
5 前掲書 P457
6 前掲書 P388
7 庵野秀明企画・監修『ヱヴァンゲリヲン新劇場版：破　全記録全集』（カラー、２０１０年）P132〜137
8 前掲書 P244-245

9 前掲書 P277

10 前掲書 P369

11 株式会社スタジオジブリ編『「館長　庵野秀明　特撮博物館　ミニチュアで見る昭和平成の技」別冊　巨神兵東京に現わる』（日本テレビ放送網株式会社、２０１２年）P9

12 前掲書 P9

13 小山昌宏編『サブカル・ポップマガジンまぐま　Private Brand12　アニメのエターナル・ビジョン』（蒼天社、２０２１年）P75

14 「平成24年度　メディア芸術情報拠点・コンソーシアム構築事業　日本特撮に関する調査」（https://mediag.bunka.go.jp/projects/project/images/tokusatsu-2013.pdf）P21、２０２１年3月31日閲覧

15 庵野秀明企画・責任編集『ジ・アートオブ　シン・ゴジラ THE ART OF SHIN GODZILLA』（カラー、２０１６年）P518

16 ただし、『シン・ゴジラ』において３ＤＣＧで再現された街並みの中には、建設中の建物も含まれており、現実の風景の完璧なトレースというわけではない。あくまでも作り手の狙いを考慮したうえでの、高精度な現実のコピーである。

17 「映画のトリック」『毎日新聞』夕刊、１９５７年11月30日 P3

18 キネマ旬報社編『特撮映画美術監督　井上泰幸』（キネマ旬報社、２０１２年）P98

19 前掲書 P205～206

20 庵野秀明企画・責任編集『ジ・アートオブ　シン・ゴジラ THE ART OF SHIN GODZILLA』（カラー、２０１６年）P500

21 「HISTORY　EVANGELIONE3.0+1.0　THRICE UPON A TIME　メイキング映像集　sn007Ac005」

（アプリ「EVA-EXTRA」内コンテンツ、2021年4月1日閲覧）

22 庵野秀明企画・責任編集『ジ・アートオブ　シン・ゴジラ THE ART OF SHIN GODZILLA』（カラー、2016年）P517

23 前掲書 P473

24 前掲書 P508

25 前掲書 P513

26 『プロフェッショナル　仕事の流儀「庵野秀明スペシャル」』2021年3月22日放送

27 庵野秀明監修『シン・エヴァンゲリオン劇場版𝄇（劇場パンフレット）』（カラー、2021年）P70

28 『プロフェッショナル　仕事の流儀「庵野秀明スペシャル」』2021年3月22日放送

004 坂口将史

『シン・エヴァンゲリオン劇場版𝄇』に見られる「特撮表現」

物語の外側へ
——宇多田ヒカルと真希波・マリ・イラストリアス

伏見 瞬

1.

『シン・エヴァンゲリオン劇場版𝄇』の本編が終了し、エンドロールが流れている時に、「マリは宇多田ヒカルだ」という認識が湧きあがってきた。ラストシーン、マリがシンジのDSSチョーカーを外したタイミングで流れる「One Last Kiss」。その踊りだしたくなる高揚感（実際、私は映画館の座席に座りながら指と首で軽快にリズムを取っていた）に包まれている間、彼女たち二人が重なって存在していることを直感したのだ。

二人はともに旧劇場版の外部から現れた人物であり、多くの共通点を有している。たとえば、過酷な状況でのあっけらかんとした態度。シンジやアスカのように精神不安を見せるわけでもなく、レイのように無感情に覆われているわけでもなく、戦闘の只中でも客観的視座を持って安定を保っているマリ。大衆監視のプレッシャーの中、自らの立ち位置と役割を的確に捉えながら、トップスターとしての生活とふるまいに安定感を示す宇多田ヒカル。異常な状況でのユーモアと落ち着きを共に身に着けた二人は、ほかにも匂いへの意識や読書へのこだわりといった接点を持つ。マリがシンジの匂いを至近距離で嗅ぐシーンは二度描かれるし、新劇場版シリーズ全体で何度も匂いに言及しているが、宇多田にも「First Love」（1999年）の「最後のキスはタバコのFlavorがした」や、「あなた」（2018年）の「肌の匂いが変わってしまうよ」などの歌詞に表れるように、人の体の匂いへの敏感さがある。マリはヴンダー内に用意された狭い部屋にあふれるほど本を積み上げ、世界中の本すべてを読むのがかなわぬ夢であると発言しているし、一方宇多田は読書中毒であることを（その時読んでいたゲーテ『色彩論』の写真をアップしながら）ブログで語り[1]、高校生の時点でベルクソン『時間と自由』や田村隆一の詩集についての自説をインタビューで展開し[2]、近年にも自身の作詞法と萩原朔太郎『詩の原理』との共振を口にしている[3]。二人とも、読書行為への強い思いを表現しているのだ。そして、新劇場版シリーズの最後を飾る人物であること。以上のように、彼女たちはいくつもの性質を共有している。

新劇場版の終わりを外部へ開くため、自意識内のドラマとしての要素が強かったエヴァンゲリオンを未来に放つために、真希波・マリ・イラストリアスと宇多田ヒカルは必要なピースだった。二人の重なりが『エヴァンゲリヲン新劇場版』で起こしたことの内実を、これから探っていきたい。

2.

宇多田ヒカルが、十数年にわたる『エヴァンゲリヲン新劇場版』シリーズのテーマソングを担当することになったきっかけは「プレイボーイ」2006年6月5日号の特集記事「エヴァンゲリオン10年目の真実」内のインタビューであるという。その中で、宇多田はエヴァンゲリオンに対する強いシンパシーを表現している。

エヴァに乗ることって生きることだと思う。細かく言っちゃえば、仕事をすることだったりね。こんなに辛いのに何で私は仕事をしているんだろうとか。結果的には自分で選んだことなのに。辞めたい、とデビューした頃とか思ってて……

他にも、テレビ版第参話でシンジが中学のクラスメイト（トウジとケンスケ）をエヴァに乗せて活動限界まで戦うところで感極まって泣いたといった話もしており、彼女は相当の濃度で自らとシンジを重ねている。宇多田ヒカルは、エヴァの物語内の言葉を借りれば、「運命を仕組まれた子ども」だった。音楽プロデューサーの父と、歌手の母の間で生まれた一人娘。宇多田光と名付けられた彼女は幼いころから音楽スタジオで長い時間を過ごし、ティーンエイジャーになる前からレコーディングの現場を体験している。彼女にとって「音楽」は、好き嫌いでとらえられるものではなく、「生きること」そのものだった。そして、15～16歳（物語冒頭のシンジやアスカたちと近い年齢だ）のころに日本中で顔と名前を知られるポップスターになってしまった。それどころか、現在に至るまで記録を破られていない、今後も破られることはおそらくない国内CDアルバム売上歴代1位を、ファーストアルバムで達成している。彼女は運命に従うまま、若くして衆人監視の場に立たされていたのだ。

そうした経緯を鑑みれば、宇多田ヒカルが、エヴァンゲリオンに乗る宿命を父と母によって背負わされた碇シンジに自らを重ねるのは自然なことと思える。宇多田は幼少期、日本とアメリカを行ったり来たりする両親に振り回されていたと語っている[4]。翌日の引っ越しを夜に急に告げられ、仲の良いクラスメイトに何の挨拶もできず転校したこともあったという。親の事情で日常が振り回されるのも、碇シンジの境遇と重なる点だ。

宇多田はシンジに自らを重ねて考えている。しかし、彼女が『ヱヴァンゲリヲン：序』に提供した

「Beautiful World」は、シンジとは別の視点から語られている。

もしも願い一つだけ叶うなら
君の側で眠らせて　どんな場所でもいいよ
Beautiful world
迷わず君だけを見つめている
Beautiful boy
自分の美しさ　まだ知らないの

キック四つ打ちのダンスビートに短調の切なさが乗る当曲のサビで繰り返し歌われるフレーズは、碇シンジに表象されるような男の子（＝Beautiful boy）を眼差し希求する人の立場から発せられているようだ。「もしも」、「きみの」、「いいよ」、「自分の」、「知らないの」と繰り返される「o」の音には毎回ビブラートがかけられる。また、曲の後半、音数が減ってボーカルが前に出るパートがあるが、その際の「叶うなら」の部分では「かなーう」で喉をしめて掠れた音を出し、直後の「なーらー」で大きく息を吐き出す。切実な感情を表すための技術が、歌唱に込められている。

宇多田自身は、「Beautiful World」について「ちょっと母親の視点から歌った感覚がある」と語っている。当時彼女はまだ24歳で子供はいなかったが（ただし結婚と離婚は経験していた）、歌の中で母親的な感覚が生じているのは、歌手デビューからの8年での経験と苦難が彼女を変えているからだろう。エヴァに乗り込むシンジとは別の段階にきているが故に、かつての自分を想起させる少年に母親としての視点が生じた。少年の弱さや幼さを見つめる時の憂いが歌に表れた。そのように考えることができる。

3.

「Beautiful World」に関して、宇多田は以下のような発言も残している。

> 歌詞を書く上で、私はいつも割と日常的な言葉を抽象的な歌詞の後に急に混ぜたりするのが好きで。で、この歌詞にも「新聞」とか「根性なし」とか「少年マンガ」とかって普通の言葉があるのって、果たして「エヴァ」に合うのかどうかって疑問もありつつ書いてたのね。（中略）「エヴァンゲリオン」ってすごく日本の懐かしい感じとか、べっとりくる夏の感覚とか、夕暮れの風景とか電車の中とかが、わりとキーポイントのシーンになっているんだよね。で、そんな日常の中で色んなことが起きてる。だから、私が日常的な台詞（言葉）を歌詞に入れてよかったんだなぁ～って思えたの[5]。

「日常的な言葉」は単語レベルだけでなく、「最近調子どうだい？　元気にしてるなら別にいいけど」、「気分のムラは仕方ないね」といったまとまったフレーズにも表れている。新劇場版と宇多田の相性の良さは、この日常性と抽象性の混淆に由来する。

『ヱヴァンゲリヲン：破』の序盤には、夜明けから朝までの第3新東京市の様子が穏やかなＢＧＭに乗せて一分以上描かれるシーンがある。日の出とともに稼働するビル群、河原をランニングする人、線路の切り替わる電車、あくびをしながら通勤する伊吹マヤと群衆、シンジたちが通う学校近くの文具店。こうした街と人々の日常の営みは、テレビ版と旧劇場版ではほとんど描かれなかったものだ。『ヱヴァンゲリヲン：序』のプロットはアニメの第壱話から第六話までとほぼ一緒で、同じ構図のカットも多く出てくるが、ヤシマ作戦で日本中の電力を使用する時の停電の発表を聞く人々はテレビ版より細かく描かれる。渋谷の駅前、電車のホーム、空港、田んぼ。テレビ版では無人だった光景にも、新劇場版では農家の人が映り込んでいる。新劇場版シリーズにおける市井の人々の描写に関しては、何より『シン・エヴァンゲリオン劇場版𝄇』の第3村での農村生活が話題になったわけだが、『序』や『破』の時点で既に、主要人物以外の生活にフォーカスが当たっていたというわけだ。エヴァの物語はそもそも、庵野秀明の内面を反映した抽象性が特徴だったわけだが、新劇場版では元来の抽象性に日常的な生活描写が紛れ込んでいる。つまり、宇多田ヒカルの作詞法と同様の演出が見られるのだ。

新劇場版2作目、『ヱヴァンゲリヲン：破』の宇多田の提供曲は「Beautiful World -PLANiTb Acoustica Mix-」。「Beautiful World」の別バージョンである。ダンスミュージックのビート感を持った原曲に対して、ギターと生ドラムが強調されたミドルテンポのロックソングに仕上がっている(Joan Osborneの「One of Us」という曲を思い出させる)。宇多田ヒカルの全ディスコグラフィーの中でももっともロックの音に接近した楽曲で、原曲とも宇多田のイメージともかけ離れたアレンジに驚かされるのだが、元の形式からの逸脱という意味では、『ヱヴァンゲリヲン：破』とそれに続く作品群と同調しているだろう。宇多田ヒカルは、新劇場版の物語だけを追って作曲しているのではなく、作品全体での狙いを踏まえた上での楽曲を添えている。

そして、『ヱヴァンゲリヲン：破』での、テレビ版、旧劇場版からの逸脱を象徴しているのがマリである。彼女は日本に極秘入国するためにパラシュートで下降したところ、学校の屋上で寝そべっていたシンジと衝突する。この時、シンジがS-DATで聴いていた曲番号が「26」から「27」へ変化する。それまで「25」と「26」をリピートしていたところ「27」が再生されて、シンジも「あれ、おかしいな……」と声を漏らすわけだが、これは物語が新たなフェイズに突入したことを意味している。旧劇場版はテレビ版最後の「25話」「26話」の作り直しで、新劇場版も終わりを書き換える意向が『破』で現れた。S-DATの「27」の表示は物語が新しい展開を迎えたことを示しており、それはマリとシンジの出会いによってもたらされている。

物語内でいきなり時が14年経っていて世界の様子が一変している『ヱヴァンゲリヲン：Q』は、多くの観客に驚きと戸惑いを覚えさせた。設定が不明瞭のまま展開していくプロット、作画と音響の立体感が強調されたバトルシーン、ニュアンスの深くなったキャラクターたちの表情。緊張感を高めたまま解決しない喪失の物語に、ひとまずの完結感を与えるのが宇多田の曲の役目となった。その曲、「桜流し」は映像同様の緊張感を漲らせている。もの悲しいピアノの分散和音と苦しそうに息を殺して歌う宇多田。途中からストリングスが絡んでくるものの、曲は大きな盛り上がりを見せず、沈み込むような質感を持続させていく。しかし、2分40秒あたりからコードとフレーズが変化し、残響の深いドラムが強く響き、「もう二度と会えない／なんて信じられない」と宇多田はエモーションを前に出して歌い出す。一気に押し寄せる激流に、感情を持っていかれる。4分43秒の半分過ぎでようやく楽曲が動き出す「焦らし感」が「桜流し」の特質となっており、焦らした後の突然の盛り上がりが、混乱に満ちた映画全体を締め括るにふさわしいカタルシスを生み出している。宇多田は、ここでも自らの役割を十二分に理解しているようだ。今から見ると、与えられた任務をクールにこなしながらシンジに対して理解を示すマリの姿は、3作目の時点で既に宇多田と重なっていたのだとわかる。

4.

そして、「One Last Kiss」である。

二度と三度のマイナーセブンスコードによる憂愁の響き、付点八分のリズムで跳ねるベルのような音、ディケイタイム（音が消えるまでの時間）が長い柔らかなキック。以上の特徴が、宇多田が影響を公言しているカナダ出身のスターラッパー／シンガーのドレイクの「Passionfruit」（2017年）との近似性を感じさせるこの曲の魅力の一つは、その韻律にある。[6] この曲の歌い出しと（息継ぎまでの）歌い終わりはほぼ全て「a」音か「o」音になっている。最初の1ブロックを確認しよう。

初めてのルーブルは
なんてことはなかったわ
私だけのモナリザ
もうとっくに出会ってたから
初めてあなたを見た
あの日動き出した歯車
止められない喪失の予感

見ての通り、ほぼ全てのラインを「a」音で脚韻を踏んでおり、最後の「予感」に関しても、「n」音より直前の「a」音を強調している。ただ、この詞の特異性は韻律の執拗さ以上に、文章として違和感が全くない点にある。脚韻を無理矢理踏もうとすると、日本語の構造ではどうしても名詞が増えてしまい、倒置法や体言止めがやたらと多用される不自然な日本語になってしまう。下手なラップを聞いている時の気恥ずかしさはこの不自然さに由来しているだろう。宇多田の脚韻は、日本語としてのスムーズさを損なっていない。「は」は助詞、「わ」は終助詞、「モナリザ」は固有名詞、「から」は接続詞と、用法の異なる「ａ」音で韻は構成されており、一本調子な強引さを感じさせない作りとなっている。この韻律の手堅さと自然さの両立によって、言葉の意味より音としての機能が強く出るために、言葉から暑苦しさが消えさる。意味だけをとれば非常に熱情的なラブソングがクールに響くのは、韻と日本語の特性を巧みに活用しているからだ。2番でも全く同じことが言えるので、こちらも引用してみる。

「写真は苦手なんだ」
でもそんなものはいらないわ
あなたが焼きついたまま
私の心のプロジェクター
寂しくないふりしてた
まあ、そんなのお互い様か
誰かを求めることは
即ち傷つくことだった

韻律と自然さの両立の持続していく様子が、確認できるだろう。
もう一点、注意したいのが複数の声についてだ。宇多田は以前から作品内で自分の声を何度も重ねていた。「One Last Kiss」の場合、その声が途中変調され、男の声に聞こえる時もあれば、機械のように響く時もある。本曲の共同プロデューサーでもあるA. G. Cook（英国出身の人気プロデューサー）の仕事かもしれないが、いずれにせよ、宇多田の複数の声は様々な変化を示している。最後、曲の盛り上がりが過ぎ、シンセサイザーの小さい音だけが残った後で「吹いていった風の後を／追いかけた眩しい午後」と歌われ、艶かしさが余韻となって曲は終わりを迎える。声が素材として散々いじくりまわされた後で回帰してくる、生の素材としての宇多田ヒカルの声。

「素材感」というのが、続いて流れる「Beautiful World（Da Capo Version）」のキーワードだ。「Beautiful World」3度目のリアレンジ（エヴァンゲリオンシリーズに3回の終わりがあること、シン・エヴァのサブタイトルが「THRICE UPON A TIME」であることを思いださせる）。元素材は一切使わず、全て一から作り直している。「Da Capo Version」はまず、アコースティックギターの分散和音で始まり、やがてチェロと宇多田の声が絡んでくる。2分23秒ごろから地響きのようなキックが現れ、ハイハットのような音がやがてスネアに近い音に変調してから連打されていったところで、音が全て途切れ、シンセベースのうねりが急に登場する。今挙げた楽器の音はあまり重なっておらず、それぞれの素材の感触をそのまま聞き取れるようなアレンジがなされていた。この後も、チェロやピアノが消えた後でベースとリズムトラックだけ残ってサビに突入するなど、一つ一つの素材感が活かされる楽曲展開が待っている。ギターと指が擦れる時のノイズや、リズムの細やかな重なりが聞き取れるようになっている。最初の「Beautiful World」に比べて、宇多田の声に低音が増し、より母性的な響きを獲得していることも特筆に値する。エヴァに対して「母の立場」から曲を描いていくという宇多田の最初のイメージの説得力が、その声によって増しているからだ。声質の変化も、素材を活かしたアレンジによって明確になっている。

5.

「素材感」は、『シン・エヴァンゲリオン劇場版𝄇』本編にもあてはまる特徴だろう。パリでの、3DCGを活かした、シンメトリックかつリアリスティックな市街地戦闘。第3村でのスタジオジブリオマージュと言っていい農村風景と、川島雄三や実相寺《じっそうじ》昭雄の映画のようなカメラの構図（例えば黒電話や蛇口がカメラ目前に置かれている時の強調された遠近法など）。ヤマト作戦パートの、サイケデリックでドロドロした描写。マイナス宇宙での、メタ的な場面設定と立体性を強調したリアリズム（ビルのセットが崩壊せずに平行移動していく場面など）。ゲンドウの回想シーンでの漫画的な線の書き込み。最後に、ラストシーンでの実写とアニメーションの合体。それぞれのパートで質感が異なり、物語以上に絵の感触が大きな変化を示すのが『シン・エヴァンゲリオン劇場版𝄇』の特性である。

終盤、シンジが海辺で佇むシーンで画コンテがそのまま映されるところ。いくつものコンテが連なり、最後の一枚には、手書きで「よろしくお願いします！」の文字が記されている。旧劇場版からお馴染みのメタ演出の一つにすぎないと考える向きもあるかもしれない。しかし、あの画が重要なのは、庵野秀明の表現ではなく、作画者の一人が庵野に向けて差し出したものだということだ。

テレビ版と旧劇場版は、庵野本人が認める通り、一人の作家の「オナニーショー」だった。[7] 登場人物は全て庵野の分身であり、描かれる物語は自意識の葛藤の表出だった。もちろん、それが強烈な魅力でもあったわけだが、その露悪性と時代が奇跡のように結びつき、エヴァは作家にとって大きな呪縛となった。

新劇場版を「物語」として論評する人々は、旧劇場版の時と同様大勢現れている。しかし、「物語」としてのみ『シン・エヴァンゲリオン劇場版𝄇』を語る論は作家とスタッフを裏切っている。この作品が優れているのは「物語」のレベルではない。むしろ庵野秀明は、自意識と時代がシンクロしてしまった結果の「物語」の暴走と戦わざるを得なかったから、新劇場版を企画したのではないか。こういう言い方も単純化された「物語」で、実際にはもっと複雑な要素が絡まっているだろうが、少なくとも、新劇場版が自意識の「物語」からは遠いところを目指しているのは間違いない。「物語」としてのみ『シン・エヴァンゲリオン劇場版𝄇』読み込むことは、作品を退屈な構造へ矮小化することだ。

様々な「素材感」が作品内に並立しているのは、異なる技術と異なる素材感を内在させた作り手が多数参加しているからだ。一つのシーンを完成させるだけでも、そこに多くの人が介在しているだろう。映画作品の完成のために、複数の他者が必要になる。その他者と向き合い尊重することの実践が、映像表現のレベルで現れ、それが日常描写を重ねていった新劇場版の細部と、他者を受け止めることに向かう物語の展開に呼応している。他者を尊重していることが倫理的に正しいから、作品が美しいわけではない。映像表現とストーリーテリングと創作環境の三要素が響き合い、たおやかで刺激的な感覚を生み出しているからこそ、『シン・エヴァンゲリオン劇場版𝄇』は美しい。その「美しさ」が極点的に浮かび上がるのが、三要素が一つに結びつく、海辺の画コンテのシーンだ。そして、原始的なアニメーションによる海の描写の中からシンジを助けにやってくるのが、「イスカリオテのマリア」、真希波・マリ・イラストリアスである。

6.

漫画版では、マリはユイとゲンドウの大学同窓生、及び冬月の教え子であり、ユイに恋愛感情を持っているという設定になっている（トレードマークのメガネもユイから譲り受けたものだ）。その設定が、新劇場版でどこまで反映されているかわからないし、どういう作用でマリが年を取らない「チルドレン」であり続けるのか定かではない。冬月コウゾウがマリに向かって放った「イスカリオテのマリア」の呼称の意味することも確定していない。しかしながら、その呼び名が新約聖書における裏切り者「イスカリオテのユダ」と、イエス・キリストの死と再生を見届けた「マグダラのマリア」の合成であることは明確である。マリは旧劇場版までストーリーの完全な外側にいながら、ずっとそこにいた人物だ。彼女の性格設定、キャラクター設定に総監督・庵野秀明は関わっておらず、監督の鶴巻和哉が主に担当したという。マリは、閉じた自意識の世界に風穴を開けるために必要とされた人物だ。彼女の戦闘は、実はゲンドウとの戦いでは全く役立っていない。『破』でも『Q』でも『シン』でも、碇ゲンドウが裏で糸引く戦い（全て終盤の見せ場）では、マリはいつも戦いを放棄している。なぜなら、彼女は「物語」の外側の人間だからだ。「父と子」の葛藤の戦いに彼女は入り込めないし、その気もさらさらない。宇多田ヒカルの曲が、「父と子」の葛藤も自意識の戦いも全く歌わないのとおなじように。マリは物語にとっての「裏切り者」であると同時に、物語の「死と再生」を見届ける存在である。物語が最果てに到達した、絵コンテの海辺のシーンの地点で、はじめて彼女はシンジに手を差し伸べる。映像と物語と創作環境の結節点で、物語から抜けでるためのガイドを果たす。最後にマリとシンジが手を握って、シンジのＤＳＳチョーカーを外すのは当然のことだ。彼女こそが、エヴァを自意識の「物語」から解放する存在だからだ。駅でのラストシーンにおいて、「物語」はどこにも見当たらない。

　宇部新川駅から外へ走り出す二人の解放を祝福するように、カメラは空へと上昇し、「One Last Kiss」は劇場で鳴り響いた。エヴァの外側にいて、エヴァに共鳴を示していたもう一人の人物が、「他者を受け止める」という主題に更なる刺激を加える。「誰かを求めることは／即ち傷つくことだった」。柔らかい拍動と軽やかな韻律が、物語に還元されない愛情の高揚を伝える。誰の所有物でもない愛が、自意識の果てに残ったものだ。未来に残された美しい喪失の予感だ。それを観客に伝えるための媒介者として、真希波・マリ・イラストリアス＝宇多田ヒカルの存在は、「ヱヴァンゲリヲン」新劇場版シリーズにどうしても必要だったのだ。虚構と現実の境目で、次の世界を受け止めるために。

註

1 宇多田ヒカル『線 -sen-』EMI Music Japan、2009、P263

2 宇多田ヒカル『点 -ten-』EMI Music Japan、2009、P75-76

3 『SWITCH』Vol.36、No.5「特集：宇多田ヒカル WHERE IS YOUR SWITCH?」スイッチ・パブリッシング、2018

4 宇多田ヒカル『点 -ten-』EMI Music Japan、2009、P7

5 宇多田ヒカル『点 -ten-』EMI Music Japan、2009、P203

6 宇多田のドレイクについての言及は、下記ホームページのラジオ番組書き下し文から確認できる。InterFM「KUMA POWER HOUR with Utada Hikaru」レコメンド特集〈3〉（https://tower.jp/article/feature_item/2014/03/17/0703）

7 大泉実成編『庵野秀明 スキゾ・エヴァンゲリオン』太田出版、1997

ハーフ美少女、アスカ

西田　藍

自分のことを「ハーフ美少女」だった、と書くのは勇気がいるが、これは美醜の以前の話で、とにかくハーフと丸わかりの容姿は目立った。転校する度、教室を覗きに来る子供たち。知らない人が「ほら、あの子」と言う。初対面で両親の国籍を尋ねられ、英語が喋れないか、と素朴な疑問に延々答える羽目になる。私のことを「美少女」だと大人たちは言った。

少なくとも、90年代では、そうだった。

だから……？

私は惣流・アスカ・ラングレーが好きだった。

始めて彼女（以下、アスカ）に出会ったのは、小学生のときだった。親戚が持っていたまだ完結してない漫画本。そこで「金髪碧眼美少女」として注目を浴びていたのがアスカだった。とはいえ、同い年の男の子からそんなことを言われても、どうでもよさそうで、日本って遅れてる！　と言い放つ、強くてかっこいいアスカが大好きになった。

私は「可哀相」な子供だった。事情があって預けられていたその親戚の家で、黙々と読んだ。アスカの生い立ちにも共感した。漫画のように試験管ベイビーではないけれど、普通の家庭に生まれ育ってない、という点では一緒だった。「可哀相」な子供だったので、その後、漫画を読める機会はなく、思い出の中にアスカはいた。エヴァの物語も途中で終わっていたのだ。

始めて新世紀エヴァンゲリオンのアニメを観たのは中学生のとき。およそ、テレビ放映から10年後である。アニメ好きに育った私は、「有名な昔のアニメ」として色々情報は得ていたけれど、とにかく、記憶にしかいないアスカに早く会いたい、そんな思いで向き合った。

旧シリーズを全て観終わって、私は、やっぱりアスカのことが大好きだと思った。

新劇場版が始まったとき、とにかくアスカと会えるのが楽しみだった。序の映像にはわくわくしたし、少しずつ変化を感じさせるストーリーに心躍った。名前が変わることは不安だったけど、このまま、とにかく早く会いたかった。破を観に行くときは、いよいよだ、と気合いを入れた。黄色いワンピースを着て、ツーサイドハーフアップに髪を結い、赤いカチューシャを着けた。

私はもうひとりのアスカだ、と、鏡の前の私を見てナルシスティックに思った。

でも、スクリーンの中には、本物のアスカはいなかった。

式波・アスカ・ラングレーは、アスカじゃなかった。

それから私は、式波・アスカ・ラングレーのことを「式波さん」と呼ぶようになった。嫌いではなかったけど、アスカじゃなかったし、完全新キャラとも思えないし、呼び捨てにするような距離感でもなかった。

式波・アスカ・ラングレー（以下式波）をアスカのジェネリックとして認識した。キャラクター商品などは、アスカの幻影を見ながら購入していた。楽しんでいたコスプレも、あくまでアスカのコスプレがしたいのであって式波ではない、と、新劇場版の衣装を揃えることはなかった。

Qで、どうしようもなくなった。

ストーリーの辛さもそうだし、ヴンダーがとにかく好きじゃなかった。私が見たかったものがどこにもない。でも、たぶん、「好き」は好きなのだ。展示があれば見に行ったし、考察サイトでウンウン唸り、アスカのコスプレはずっと続けていた。でも、Qの式波のファッションセンスが嫌いだった。当時21歳だった私にとって、中身はちょっと年上のお姉さんとして再会したはずなのに、あの帽子はない、と思った。Q以後、「さん」という敬称も、少しイヤミが交じる言い方になっていた。

Qのラスト。シンジとレイと式波で赤い世界を歩く、そのシーンだけは心惹かれた。あたしのアスカと、また会えるかもしれない……。

式波・アスカ・ラングレーが、「あたしのアスカ」じゃなかった理由。もちろん別のキャラクターで、設定もたくさん違っていて、同じアスカじゃない。アスカに入れ込む女性は、その精神的脆さや家庭環境の複雑さや、精神が不安定だからこその年上男性への懸想などに共感するのだ、と考えられていて、実際多くはそうだと思うし、私もそんな感じだった。

式波がアスカほどに入れ込むキャラクターにならなかったのは、式波が「メンヘラ」じゃないから、と思っていた。海外にルーツがあり、外国語が話せて、なにか訳ありなのは変わらない。でも、式波は「ハーフ美少女」ではなかった。式波のルーツは噂になっただろうか？　彼女の性格は「ハーフ」的だろうか？　彼女の髪色や瞳が皆と違うことが重要だっただろうか？　後輩にデートをセッティングさせる面倒くさい先輩がいただろうか？　彼女の美しさに特別な価値を見出す人々の姿が細かく描写されただろうか？

アスカも式波も、容姿はまったく一緒だ。それなのに、周囲の反応は異なっていた。だから違うと感じたのだ、と、シンまで見て、やっと気付いた。

アスカは、その「ハーフ美少女」カテゴリの中生まれたキャラクターながら、それを跳ね返しているところも魅力だった。アスカはアメリカとドイツと日本！　私はアメリカと日本！　そんな共通点も嬉しかった。だってアスカは賢くて強くてエヴァに乗ってめちゃくちゃすごいから。大量のラブレターだってゴミ箱。かっこよすぎじゃん。

エヴァパイロットとして大人に利用され、心は満たされないまま、残酷な目に遭い続けたけど、それでもアスカの気高さはそのままだった。アスカは最悪な世界の中で気高いままだからこそ、憧れる存在だったのに。

式波に入れ込む理由があるはずがないのだ。

彼女は海外からやってきたエヴァパイロットであって、「ハーフ美少女」ではないのだから。

アスカのシンジたちとの出会いは、初っ端から、ミニワンピースの中のパンツを、同級生の男子どもが見てしまうところから始まるのだ。盗撮写真が出回り、（アニメ的表現として、と前置きがあっても嫌悪しかない犯罪である）、着替え中の姿まで狙われる。

アスカは性的魅力で注目されたが、中学時代の私は単に「生意気な女」として、私のモデル事務所の宣材写真を男子たちが悪口と一緒にメールで回していた。私はただの陰気な中学生だったが、アスカは世界を救うスーパーエリートである。ごちゃごちゃうるさい子供たちの狂騒の中心人物とされるなんて、アスカは本当に苛ついただろう。

式波も式波として苦労を重ねてきたけれど、皆との出会いや、日常パートで、現実世界と重なるような、最悪な世界の描写はなかった。それは悪いことではなかったけれども、式波さんの話でしかなかった。

しかし、シンで、式波が大好きになった。

赤い世界を歩く三人、全てをリードする式波にあの自信家のアスカを重ねる。シンジにイライラして、怒って、それでもシンジとレイを見捨てない。なによりも心動かされたのは、それはケンケンとの関係性である。旧シリーズでの二人の関係はいいとは言えなかった。ケンスケのミリタリーオタクな部分は好きだったけど、アスカの写真を盗撮して売るクソ野郎でもあった。しかし、新シリーズのケンスケは、よい少年だったし、よい青年に成長していた。

ケンケンとの関係性で初めて、私は、アスカのジェネリックとしてではなく、式波というキャラクターに向き合うことができたのである。今までの刺々しいさん呼びを恥じた。

アスカは、精神が不安定だからこそ年上男性へ懸想する――あまりによくある、痛々しい子供だった。リョウジがまともな人間だったから、アスカを子供だ、と拒否したけれど、アスカみたいな子供はチャイルドマレスターに狙われやすく、大人に利用されてしまう。少なくともアスカは、大人から性的に利用されることはなかった。彼女の性的価値を認めていたのは、少なくとも作中では同年代の少年たちだけである（それがどれだけ素晴らしいことか、というのは元「ハーフ美少女」としてはいくら語っても語り足りないが、アスカとは関係ないので先へ進む）。

また、アスカのキャラクター属性に「生理が重い」は外せないと思っている。実際、標準より重いか軽いかはわからないが、アスカは生理に困っていた。生理中にプラグスーツを着る苦労を思うと泣けてくる。初経が来たら「アスカ！」と同一化を深めながら思い出したし、生理痛のときには「アスカも頑張ってたし」と思うようになった。アスカといえば月経だ（旧シンジといえば射精だが、精通のときに「これが！」と思った少年もいたのではないか？）。

これは完全なる妄想だが、式波に月経の問題はないはずだ。

エヴァの呪縛以前の式波シリーズに、生殖機能、月経があるかどうかわからない。しかし、仮に人間と同じような生殖機能があっても、月経はホルモン剤などで完全にコントロールされているはずだ。なぜって？ 他の先進国からは遅れていると言われている現代日本でも、月経コントロールはこの20年で大きく進んだ。科学技術も進んでいて、女性もトップにいる組織のパイロットが、生理に悩むわけが無い。

エヴァの呪縛後は、髪の毛以外成長が止まり、食事も睡眠も要らない身体になる。

これは、マイナスのように思えるが、アスカが苦しんだ女性という身体からの解放でもあったら？ 女性性から解放された式波が、元同級生であるケンスケと、疑似家族のような関係になり、そこに救われる。救われることに式波自身が気付いたのはシンのラストだったとはいえ、他のキャラクターが生殖による関係性や気付きに大きく尺をとっている中、クローンであり、身体も他の人間と同じでない、生殖する存在としての女ではない式波が、恋愛関係ではないところで救われている。

疑似家族、という言葉を使ってしまうところに私自身の表現力の限界があるのだが、シンジの家族関係に嫉妬し、ひたすら孤独だったアスカが、植え付けられた恋愛感情とは別のところで、エヴァ以外の居場所を作ったことが、私は本当に嬉しかったのだ。

各解釈があるが、私はケンスケとアスカの関係性は恋愛や性的なものとは全く異なると思っている。あの美少女と同棲して何もないわけがない、というのは「ハーフ美少女」的価値観である。姿だけは14歳のまま、人間としての欲求を失った同級生と性的関係を持とうとするか？　食欲もない、性欲もない彼女がそれを望むだろうか？　そもそも、あの式波の心象風景。寝ている相手ならあんな風に描写されないだろう。

繰り返すが、自分に性欲を抱かない存在がどれほど貴重か。アスカは心の隙間を恋愛で埋めようし、性愛を求めていた。悲しいかな、子供が大人から性愛を得るのは簡単だ。暴力、虐待を性愛と呼ぶのならば。魅力的な男性が、自分を愛してくれる。しかし、性欲は向けてこない――これがどれだけ魅力的なことか！　自分を傷つけない保護者的な愛。これは性嫌悪というよりも、多くは女性の直接的な性欲の一種で、女性向け作品にもよく描かれているドリームだ。フィクションの欲求と現実で求める関係はイコールではないが、しかし、式波にはぴったりなのだ。

別の世界で、人間の身体かつ、大人になった式波とケンケンが、恋人になる可能性は否定しない。

しかし、少なくともシンの世界では違う。

だからこそ、素晴らしい。

アスカになりたかった。

私は「ハーフ美少女」だったけど、アスカのような「天才少女」ではなかった。「ハーフ美少女」であった少女の私は、「ハーフ美少女」ではあったが「美少女」ではなかった。「混血児」だから目立つだけだ、ということも理解していた。それが良い方に働けば「ハーフ美少女」になるが、悪い方に働けば「生意気なガイジン」だ。「ガイジン」という悪口を何度言われただろう。

アスカのように、努力で不幸な境遇を跳ね返す強さもなかった。アスカは作中でひどい目に遭い続けたけど、それでもアスカはかっこよかった。精神を病んだアスカも愛おしかった。憧れと同一視が交じる存在だった。

もう、「ハーフ」の女の子が転校してきたからって、大騒ぎになる時代じゃない。

私はシンでやっと過剰な同一化をやめることができた。アスカはいまでも特別な存在である。アスカだけずっと少女のままだと思っていたのに、また式波と同年代になれたのは嬉しい。28歳の式波に、29歳で出会えた。アスカとも同年代になって再会できた気がした。式波とアスカを切り離し、「ハーフ」の呪縛を切り離し、シンでやっと、式波という存在と和解できたのだ。

そうしたら、式波、なんて愛おしいんだろう。

綾波、なんて可哀相なんだろう。

もともと私は美少女ヒロインに思い入れを抱く方であるが、今まで無視してきたぶん、わっと気持ちが湧き出てきたのである。

メインヒロインが好き？　ではマリについては？

マリとはまだ和解してないのだ。式波を支え続けると思っていたら、そうではなかったから、「戸惑っているのだ。どんな解釈を読んでも気に食わないし、どうしたら好きになれるのかわからない。10年後に突然、「マリ！」と叫びだす可能性もある。それは、わからない。

エヴァの呪縛に中指を突き立てる

――『シン・エヴァンゲリオン劇場版𝄇』にみる成長の主題

久保 豊

「大人の香りってやつ?」

テレビアニメ『新世紀エヴァンゲリオン』(一九九五~九六年)以降、十四歳である主人公・碇シンジの表面的な少年性は、汎用ヒト型決戦兵器「人造人間エヴァンゲリオン」搭乗用のプラグスーツや学生服によって四半世紀にわたり象徴されてきた。観客の多くはそれらの外見的特徴を通じて少年シンジの存在を認識してきただろう。二〇〇七年にリビルドが開始した新劇場版四部作でも同様の特徴が見られる。しかし、最新作『シン・エヴァンゲリオン劇場版𝄇』(二〇二一年、以下『シン・エヴァ』)のラスト・シーンにおいて、そのような外見的特徴を通じてシンジを見つけることはできない。ラスト・シーンは線路を画面の中心に宇部新川駅のホームを遠くから捉えたエスタブリッシング・ショットで始まり、電車接近を知らせる音声とメロディと共に、少しずつホーム内の様子を描いていく。キャメラが三番線ホームで椅子に腰掛け向かい側のホームを眺めるスーツ姿の人物を映すとき、私たち観客はその人物こそがエヴァの呪縛から解放され、思春期の少年から大人へと成長したシンジだと確信する。

シンジの変化を示すのは外見だけではない。「だ～れだ？」と背後から手で目隠しをされるシンジは、「胸の大きい、いい女」と慣れたようなトーンの声で返す。その声にはもはや内向的な少年の面影はなく、葛城ミサトへ甘い言葉を囁く大人の男・加持リョウジをも想起させる。「ご名答」と満足したように返す真希波・マリ・イラストリアスは、シンジの首元の匂いを嗅ぎ、「相変わらずいい匂い。大人の香りってやつ？」と問う。「君こそ、相変わらず可愛いよ」と続けるシンジの声には、大人の余裕とも呼べる「いっぱしの」自信がうかがえる。マリがシンジの首からＤＳＳ（Deification Shutdown System）チョーカーを外すピッという合図と共に宇多田ヒカルによる主題歌〈One Last Kiss〉のイントロが始まり、マリは「さぁ行こう、シンジくん」と手を差し出す。彼女の手を取り、「うん、行こう！」とクロース・アップでスクリーン全体に映し出される成長したシンジの顔に、観客は何を見るのか。

『シン・エヴァ』のラスト・シーンに対する解釈は多様に存在しうる。一つだけ確かなことは、このシーンが提示する世界は、虚構世界における綾波レイとの会話において、「時間も世界も戻さない。ただエヴァがなくてもいい世界に書き換えるだけだ。新しい、人が生きていける世界に」というシンジの願いが実現したものであり、その世界は私たち観客が生きる現実と繋がっている可能性すらも有するという点である。それは、同様に虚構世界での渚カヲルとの会話で確証が得られた、差異を伴って何度も繰り返されてきた仕組まれた運命からの脱却を意味する。その結果、テレビアニメ『新世紀エヴァンゲリオン』から二十六年の時を経て、何度も繰り返し生きられた少年という状態から成長への道筋を獲得し、シンジはようやく大人になる。宇部新川駅から手を繋いで駆けていくシンジとマリの姿に私たち観客は何を見出すのか。一つの可能性として挙げられるのは、シンジの身体的な成長、マリに対する一人前の男の台詞、そしてマリとの身体的な近接性から醸し出される親密さは、私たち観客の多くが無意識に内面化している異性愛規範を起動させ、二人に未来を共に育もうとする男女の姿すらも想像させるだろう。

　シンジがようやく獲得したそのような（異性愛主義的な）未来への可能性を「おめでとう」と祝福する前に、本稿では、『シン・エヴァ』が『ヱヴァンゲリヲン新劇場版：序』（二〇〇七年）、『ヱヴァンゲリヲン新劇場版：破』（二〇〇九年）、『ヱヴァンゲリヲン新劇場版：Q』（二〇一二年）（以下、『序』、『破』、『Q』）から続く新劇場版四部作の終着点としてたどり着く、子どもから大人への成長の主題について、ジェンダー、セクシュアリティ、エイジングの視点から読み解いてみたい。新劇場版では、少女たちの裸、男女の性行為、シンジの勃起や射精、風呂で重なり合うシンジとカヲルの手など、性をめぐる様々な直接的・間接的な描写が一つの特徴であったテレビアニメ版や『新世紀エヴァンゲリオン劇場版　シト新生』（一九九七年）、『新世紀エヴァンゲリオン劇場版 Air/まごころを、君に』（一九九七年）と比較して、性に関する表面的な描写が著しく抑えられている。しかしながら、それは新劇場版の少年少女たちが性規範から自由な存在であることを意味しない。むしろ、ニアサードインパクト以降の『Q』と『シン・エヴァ』において、少年少女たちはその不自由さに強烈かつ残酷に絡めとられているのではないか。

　本稿ではまず「エヴァの呪縛」がエヴァ・パイロットに与える影響についてアスカの身体を中心に若さの視角から考える。続いて、子どもの状態に留まるエヴァ・パイロットの少年少女たちがたどり着く第3村でのシークエンスを対象に、第3村が明示する成長や生殖のサイクルのイメージがその循環に参加できない者たちを周縁化する残酷さと違和感について考えたい。ニアサードインパクトおよびサードインパクトによる大地の浄化に抗いながら、必死に生きる人々のコミュニティは、どのような存在を見えないものとするのか。シンジによるチルドレンたちの救済について論じたのち、本稿の最後には再び『シン・エヴァ』のラストシーンへと立ち戻り、シンジの声について考えてみたい。

エヴァの呪縛——若さという名の監獄

新劇場版で登場した新しい概念の一つに「エヴァの呪縛」がある。テレビアニメ『新世紀エヴァンゲリオン』の第弐拾参話「涙」でも、綾波レイへの嫉妬心からレイの複製体を破壊した赤木リツコに対してミサトが放つ「エヴァに取り憑かれた人の悲劇」という言葉が思い出されるが、エヴァの呪縛はそれと同義ではないようだ。エヴァの呪縛は、エヴァ・パイロットである少女と少年に対して効果を発揮すると考えられる。その効果の解釈は観客それぞれで変化するだろうが、『Q』以降で明らかになる要素をもとに本稿では次のように考えたい。エヴァの呪縛の効果とはすなわち、若さを保ち続ける身体への投獄である。

テレビアニメ版『新世紀エヴァンゲリオン』および旧劇場版では、エヴァ・パイロットとしての基本的な資格として十四歳の少年少女という設定があった。シンジ、レイ、惣流・アスカ・ラングレーが通う第3新東京市立第壱中学校2年A組は、エヴァ・パイロット候補となる十四歳の子どもたちを一箇所に集めておくためにあるとテレビアニメ版『新世紀エヴァンゲリオン』では示唆されていた。一方、新劇場版ではエヴァ・パイロットの適正年齢に関する設定は実のところ一切言及されていないが、本稿では基本的に十四歳として進める。だがむしろここで重要なのは正確な年齢ではなく、エヴァ・パイロットに必須とされる子どもという状態とその若さである。本節では、エヴァの呪縛に最も密接に絡め取られているように見えるアスカを主に分析したい。

エヴァの呪縛による若さへの投獄は視覚的にどのように表現されているのか。『Q』でアスカとシンジが再会する隔離室での場面を見てみよう。『破』でアスカがテスト・パイロットを務めたエヴァ

3号機は第9の使徒によって乗っ取られ、ダミーシステムが操作するエヴァ初号機によってアスカを乗せたエントリープラグごと噛み砕かれることで鎮圧されていた。アスカの生存を知らされていなかったシンジは彼女の無事を喜ぶが、アスカは隔離室のガラス板に亀裂が走るほどのパンチでシンジへの「怒りと悲しみの累積」を表現する。その直前にアスカが「あれ〔ニアサードインパクト〕から十四年経ってる」と明らかにするものの、静かに憤るアスカを目前にしたシンジは「でも眼帯以外何も変わってない」と困惑する。

シンジの困惑が如実に示すように、確かにアスカには大きな身体変化は見られない。しかし、アスカの入室から退室までにかかる僅か一分半弱の時間で、アスカへのエヴァの呪縛は巧妙に描かれている。まず、シンジのＰＯＶ（point of view）によるミディアム・フルショットが壁にもたれるミサト、画面中央から少し左にアスカ、そして右下に着座中のリツコの背中を捉える。シンジに向かって接近するアスカを背後から捉えるミディアム・クロース・アップの後景には、画面中心に大きく映るアスカとは対照的にシンジの上半身が小さく映し出される。アスカとシンジの視点が同じ高さに重なり合うタイミングでショットが切り替わり、隔離ガラスにアスカの拳が放たれる。二人のアイ・レヴェルの重なりは、シンジにとってアスカがそれまでのアスカと同一だという考えを示す。しかし、拳を収めたアスカはキャビネットの上に立ち上がり、シンジを見下ろす。対角線状の構図によってアスカの身体は大きく映し出され、エヴァの呪縛に絡め取られたアスカの身体はシンジが想定するアスカとは異質であることが映し出される。ローアングルのフルショットで仁王立ちするアスカを背後から捉え、また肩幅に広げられたアスカの両足の間にシンジを小さく配置することで、以前の通り若く見えるアスカがシンジにとって理解できない何か大きなものへと変化していることを示す。隔離ガラスは薄く、二人の距離は近いのに、二人は極めて遠い。シンジにとってアスカの外見は以前のままだが、構図の変化はエヴァの呪縛によって不可視化されたアスカの十四年の経験をシンジとの対比で表す。退室する直前にオフスクリーンのミサトを見つめるアスカを捉えたクロース・アップは、維持された大人（ミサト）と子ども（アスカ）の関係性を示唆するだろう。

　エヴァの呪縛による若さへの投獄は身体にどのような影響を及ぼすのか。『シン・エヴァ』で可能性として明らかになることが二点ある。一つは睡眠も栄養も必要ない身体である。次節で分析する第3村に到着後、眠っているように見えるアスカをローアングルで捉えるショットが挿入される。寝苦しそうに寝返りするアスカが「もういい加減、寝る真似も飽きた」とこぼす。アスカが不眠症を患っているか否かは定かではないが、思春期の子どもが成長するために不可欠な睡眠を必要としない身体の中でアスカが生きていることが暗示される。また、アスカが食事を必要としない身体となってしまったことも、無気力に横たわるシンジの口に無理矢理レーションをねじ込む場面で放たれる次のセリフで明らかになる。「まだあんたはリリンもどき。食べなきゃ生きてられない。だから食え！　こちとらずっと水だけだ。何も変わらない体になる前に、飯の不味さを味わっておけ！　バカガキ！」とシンジに馬乗りになって言い放つアスカの身体は、それまでの作画とは異なるモーションキャプチャーのヌルヌルとした動きの質感によって、リリン（人類）ではない異質な身体として肉感を帯びる。

　ここでアスカが「何も変わらない身体」と言うように、エヴァの呪縛のもう一つの効果は身体の不変化である。第3村からAAAヴンダーに戻ったアスカの髪をマリが散髪する場面がある。「他はろくな身体形状変化がないくせに、髪だけは伸びる。鬱陶しい」とアスカが言う一方で、「神も穢れも煩悩も宿っている」頭髪は「カオスな人の心の象徴」であり、故にアスカが「人間である」とマリは返す。エヴァの呪縛はエヴァ・パイロットを直線的な時間性から取り除き、「何も変わらない身体」、つまり年齢によってリリンが想定する成長や老衰から自由な身体へと作りかえる。他方で、伸び続ける頭髪は、そのようなエヴァの呪縛が同時に内包する矛盾へと抵抗し、リリンへと押し戻ろうとする証とも言えるだろう。

　エヴァの呪縛によってアスカが「何も変わらない身体」を生き続ける経験は、権力にとってどのように好都合なのか。テレビアニメ『新世紀エヴァンゲリオン』から一貫してアスカにはプライドの高さが特徴として設定されており、それは例えばシンクロ率や他者からの評価に対する敏感さに表されている。アスカにとって、エヴァンゲリオンに乗ることは「世界で唯一の場所」を死守することであり、その喪失は生きる価値の喪失をも意味する。ジェンダーの視点から見れば、それは男性中心主義社会において一人の女性が誰にも頼らずに生きていくための労働手段を死守せんとする姿勢に通ずる。『破』でのミサトとの通話においてアスカが「成績のトップスコアさえあれば、ネルフで一人でも食べていけるしね」とこぼすように、性別を問わず、高い能力の維持がネルフでの生存に強く関わることが示唆される。だが、もしその生存がエヴァ・パイロットとしてのみ許されるものだとしたら、エヴァの呪縛とは、2号機に乗り続けることで得られるアスカの存在価値が、若い身体を保ち続けることでしか維持されないということを意味するのではないか。また『シン・エヴァ』でミサトによって問題提起されるのは、エヴァの呪縛による若さへの投獄によってのみ維持されるアスカの存在価値が、碇ゲンドウという権力的な男性の目的遂行のために文字通り「使い捨て」られる点である。それはつまり、式波・アスカ・ラングレーというクローン体には特定の若い身体の状態よりも先に進む、成長する価値すらも与えられていないことを指す。

　成長しない身体はアスカが非性化される観点においても重要な変化を見せる。テレビアニメ『新世紀エヴァンゲリオン』第弐拾参話「せめて、人間らしく」で惣流・アスカ・ラングレーの生理を描いたことに対して、庵野秀明は「女は女にしかわからない」とし、「結局ストレートに描けなかった」

ものの、「アスカっていう女の子を出すのに、そこだけは入れたかったんですよ」と語る。[1] このように、テレビアニメ版から旧劇場版にかけてのアスカは他者からの視線に自覚的であり、特に性的主体として、大人の男性である加持リョウジからの視線と接触を欲していた。一方で、新劇場版のアスカは加持リョウジに対して特別な好意を抱いていない。だがそれは、『破』で全裸を見られたアスカが乳房を隠しながら赤面するシンジに飛び蹴りを食らわせたり、3号機搭乗用プラグスーツのデザインに頬を赤らめる様子からも分かるように、新劇場版のアスカが他者からの視線、特に性的に客体化されることに対して無意識であることを意味しない。だが十四年の時を経て、シンジに全裸を見られるアスカは、「ふん、私の裸よ。ちったあ赤面して感激したらどうなの」と全く動じない。エヴァの呪縛に囚われたアスカの身体は、『新世紀エヴァンゲリオン劇場版 Air/まごころを、君に』の冒頭でシンジの自慰行為へ、またスクリーンへと提示された性的に客体化される無抵抗な身体ではもはやない。アスカ自身もまた己の裸体、また裸体を男性に見られること自体に無関心な印象を与える。エヴァの呪縛によって変化しない子どもの身体に彼女自身が飽きているのだ。加えて、俯瞰のロングショットで相田ケンスケがアスカへ背後からバスタオルをかける描写が挿入されるとき、アスカの身体はとても幼く見える。この幼さの誇張により、『Q』の再会場面で提示されたアスカとシンジとの差異は弱まり、アスカもシンジと同様に子どもとして非性化されていることが構図の力によっても強調される。

本節では、エヴァの呪縛による若さへの投獄をアスカの身体に着目して論じてきた。「何も変わらない身体」は表面的には加齢も成長せず、睡眠も栄養すらも必要としない。[2] それはある意味で権力者にとっては理想的で好都合な労働者としての姿であり、また若い女性の労働者が男性中心主義社会においていずれ切り捨てられる点への皮肉でもある。そして、エヴァの呪縛に囚われたアスカの身体が提示するもう一つの重要な点は、非性化される身体である。次節では赤い大地を歩き続けた先にたどり着く第３村において、この非性化された身体についてさらに分析を進めていく。

第３村にみる希望と周縁の構造

『Ｑ』において渚カヲルが「希望は残っているよ。どんな時にもね」と述べるように、『シン・エヴァ』は人類の未来には幾分かの希望が残っている可能性を提示する。例えば、ユーロネルフが残した封印柱の起動成功によってパリ市街のＬ結界の解除が波紋状に拡大していく冒頭シークエンスには、サードインパクトによる大地の浄化に抗うテクノロジーのポテンシャルを見出すことができるだろう。さらに、Ｌ結界を解除し、コア化から人類を守るものとして機能する柱の加護によって、人類が生きる希望を象徴する一つのコミュニティとして登場するのが第３村である。そこでシンジは旧友たちと十四年ぶりに再会する。人々が生存に向けて共同生活を過ごす平和なコミュニティの登場は、『Ｑ』以降の新劇場版が維持してきた強い緊迫感を緩ませるような印象を与える。しかし、具体的な説明はされないものの、「諸事情あって、式波は村には顔を出せないんだ」というケンスケの言葉が不穏な印象を与えるように、第３村は決して無批判にユートピア的な空間ではない。本節では、第３村にみる希望と周縁の構造について、アヤナミレイ（仮称）の身体維持の難しさ、第３村に対するアスカの距離感、シンジの役に立たなさから考えてみよう。

　第３村が最初に提示するのは生命のイメージである。シンジが目覚め天井を見上げるＰＯＶショットでは幼児と犬が視界に入り、さらに別の幼児を抱えた医師・鈴原トウジが現れる。診療所から出る直前、シンジの横顔を捉えるクロース・アップの背景は光に溢れ、シンジのＰＯＶショットに広がるのは、ニアサードインパクトを生存した人々が千人ほど暮らす第３村の夕暮れである。アヤナミレイ

(仮称)が「ここ、不思議」と描写するように、その風景は『破』の結末を経た世界、少なくともネルフやヴィレという限られた空間がチルドレンたちや観客に見せてきた破壊と残酷さが色濃く残る世界とは大きく異なる。なかでも、第3村には妊婦、赤ん坊、猫、鶏の卵、オタマジャクシ、そして田植えに代表されるように、復興に向けた生命の灯火と未来へと続こうとする生命の連鎖のイメージに溢れている。また、第3村には若者だけでなく、中年から高齢の人々も共に暮らしていることを見逃してはならない。いつ起こるか分からないフォースインパクトへの恐怖、また、いつ封印柱が壊れるか分からない不安定な危機的状況は静かに続いているものの、少なくとも第3村という限られた空間は新しい生命を育み、成長し、年老いていくことを実現させる場所として機能している。そしてその一部となるためには、それぞれが役割を果たさなければならない。

その役割の端的な例が労働である。第3村シークエンスで最も顕著に描かれる労働の二つはアヤナミレイ(仮称)が携わる基幹産業の農業であり、トウジと結婚したかつての委員長・ヒカリの描写を中心に見られるケア労働である。第3村には当然男性も住んでいるはずだが、『シン・エヴァ』はあたかも当然のように女性たちの日常を通じて(ケア)労働を前景化させる。ヒカリは託児所で働く様子も見られる一方で、トウジが「古いながらも楽しい我が家」と呼ぶ和式家屋ではケア労働にも励む。赤ん坊のツバメを覗き込むアヤナミレイ(仮称)の興味津々な顔を捉える超クロース・アップを除けば、ヒカリの父親が上座に座り酒を飲む家父長的な空間はまるで戦後日本のホームドラマを想起させる。そのような鈴原一家に滞在しながら、アヤナミレイ(仮称)は第3村へと次第に溶け込んでいく。アヤナミレイ(仮称)が他の女性たちと汗水を垂らしながら田植えに励み風呂に浸かる様子は、アヤナミレイ(仮称)にネルフのエヴァ・パイロット(あるいはアダムスの器)という役割から解放された、全く別の生き方(働き方)が可能性として残っているのではないかと観客に想像させるだろう。

第3村で獲得しうるオルタナティブな生き方への希望は、アヤナミレイ（仮称）をどのような未来へと誘うのか。あるいは彼女にどのような未来へたどり着くことを切望させるのか。結論から述べれば、ネルフでのメンテナンスを受けられない彼女の身体は「～したかった」願いを叶えられないまま、シンジの目前でＬＣＬに還元されてしまう。アスカがエヴァの呪縛によって永続的な若さに囚われる一方で、アヤナミレイ（仮称）は極めて残り少ない有限の時間性の中で生きていた。だからこそ、彼女が鈴原家や田植え仲間との交流を通じて未来を楽しみにすればするほど、彼女から遠ざかる未来は残酷にうつる。そもそも第3村へ到着以降、綾波レイ（仮称）が触れる赤ん坊や田植えといった多くのものは、成長や生殖への期待を象徴する。ヒカリがツバメに母乳を与える様子を見て、アヤナミレイ（仮称）は自身の小さな乳房に両手を当てる。それに対してヒカリが「そっくりさん、あなたにはまだ無理よ」と笑う瞬間には、その「まだ」すらもいずれ身体の成長と共に克服されるのではないか、とその後に展開する第3村の平和なシークエンスの連続によって観客は錯覚を覚える。けれども、アヤナミレイ（仮称）は子どものまま、碇シンジの心の緊張をほぐす役割を終え、「～したかった」願望に溶け、飛び散る。

　第3村におけるアヤナミレイ（仮称）の役割が労働への従事であった一方で、第3村はアスカにとって「守るところ」である。人里から離れたケンスケの寝床である無人駅を拠点に、アスカはヴィレによる回収を待つ間、ときには見張り台で監視する姿も確認できる。とはいえ一つ疑問に残るのは、なぜアスカは「村には顔を出せない」のかという点である。「リリンが多くて鬱陶しいだけ」と彼女は言うが、それは第3村に充満する極めて強い生殖の匂いと無関係ではないのではないか。前節で述べた通り、エヴァの呪縛によって若いままの身体に投獄されたアスカは子どもでも大人でもない、その間を無限に続く時間の中に生きている。惣流・アスカ・ラングレーとは異なり非性化された『Q』

以降のアスカにとって、生殖や成長を平和の核に置く第3村に居場所はない。第3村が纏う異性愛規範の匂いから遠ざかるように、彼女は自らを村の周縁に置くことを選んでいるのではないか。成長や生殖への期待の前に、彼女の身体は役には立たない。だからこそ、同様に中途半端なシンジに対して苛立ちを抱き、動けるようになったシンジに「ケンケンの役に立て」と促すのだ。

第3村においてシンジの存在はアスカよりもさらに周縁の地へと追いやられる。第3村の人々が有していた生活を破壊するきっかけを作ったのがシンジであり、彼は村人に対して「クレーディト（KREDIT）から預かったって子」としてアイデンティティを隠さなければならないような存在である。第3村到着後のシンジは何の役にも立たない腑抜けである。アスカの全裸を目にしても、彼の体内から出てくるのは精液ではなく、カヲルを目前で失ったことに対する拒絶と痛みの嘔吐である。それはアスカと同様に、シンジもまた第3村に溢れる生命のサイクルへは参加できない存在であることを指す。そのように腑抜けで役立たずのシンジは、北の湖にあるネルフ施設跡地で何日も過ごす。「僕なんか、放っておいて欲しいのに！」というシンジの願いとは対照的に、キャメラは俯瞰や遠景から彼の存在を捉え続けて離さない。シンジを俯瞰から捉えたタイムラプス演出は、目の前の湖に飛び込んで死ぬことも選ばずに、有限と無限の間にただ座り続けるリリンもどきとしてのシンジを観客に見守り続けさせるのだ。アヤナミレイ（仮称）によって立ち直る機会を与えられたシンジは、アスカとケンスケが待つ無人駅へと戻り、家事労働に従事し、ケンスケの仕事を手伝い始めることで存在意義をかろうじて取り戻すのだ。

第3村において、人々はそれぞれの役目を果たさなければならない。その端的な例が農業への従事やケア労働であり、また拡大した視点から見れば、未来の世代へつながる生殖行為である。直線的な時間性に沿って進む第3村シークエンスが提示する残酷さは、アヤナミレイ（仮称）には赤ん坊や稲の成長を見届ける時間が残されておらず、また若さに留まり続けるアスカの身体にはそもそも生殖、成長、老化を基盤とするコミュニティに居場所が用意されていないことを浮き彫りにする。[3] そのような直線的かつ異性愛的な時間性の中で居場所のない、役に立たない存在に価値を見出す役目を担うのがケンスケである。何でも屋として機械の修理、水資源の確保、封印柱の監視などを担うケンスケはコミュニティ全体の生存に向けた手段や道筋を考える上で、持続可能かつ有効な方法を模索しつつ、その過程において役に立たないとされる物／者を取り零さない。それはある意味で、内（第3村）と外（赤い大地）を往来し世界の行く末を記録するケンスケを生に対して固執しているように見せる。だからこそ、崖から伸びる線路から半分落ちそうな電車車両が残る無人駅は、今にも落ちそうにグラグラと揺れ動くアスカやシンジへ手を差し伸べ続けるケンスケを象徴する空間なのかもしれない。ケンスケは「碇、ここに残ってもいいんだぞ」と最後まで居場所を提供しながら、ヴィレに戻ると決心したシンジとアスカを見届ける。

チルドレンたちの救済とネオン・ジェネシス

イマジナリーの中で、碇ゲンドウと暴力と恐怖による対峙ではなく父を知るための対話を試みるシンジのもとへ、一本の槍が届く。神が人類に与えし希望の槍・カシウスと絶望の槍・ロンギヌスの槍のどちらでもなく、「世界をありのままに戻したいという意志の力で作り上げた」ヴィレの槍だ。命を引き換えにシンジへ槍を贈ったミサトへ深く感謝する息子を見て、ゲンドウは「他人の死と想いを受け取れるとは、大人になったな、シンジ」と感慨深く呟く。最愛の妻・ユイの死を受け入れられず、全人類を巻き込んでの妻探しを画策してきたゲンドウは、その意味では失敗を繰り返してもなお完全に大人になれなかった大人の一人であることは間違いない。ゲンドウは最終的にシンジの中にユイを見つけ出し、自己犠牲を払おうとした息子の身代わりとなるユイの出現によって、ユイを抱きしめながら見送ることに成功する。ゲンドウによる神殺しやエディプス・コンプレックスの議論は別稿に譲るとして、本節では「リアリティの中ですでに立ち直った」シンジによる救済で描かれる円環と成長について、アスカ、カヲル、レイの順で論じていく。

「私、寝てた？　バカシンジ」と真っ赤な波が打ち寄せる白い砂浜でアスカは目を覚ます。超クロース・アップが捉える彼女の青い両目は、新劇場版四部作を通じて最も美しい目をしている。ここで重要なのは、エヴァの呪縛で睡眠を必要としなかったはずのアスカが目を覚ますという点である。その変化に呼応し、まるで失われた十四年間を取り戻すかのように彼女の身体は大人のものへと成長し、胸の膨らみや太ももなど、身体の成長に耐えられないプラグスーツの破れ目から張りのある素肌が露呈される。「ありがとう、僕を好きだと言ってくれて。僕もアスカを好きだったよ」とかつて自身も好きだったシンジによる言葉を聞き、アスカは恥ずかしそうに身をよじらせシンジから背を向ける。シンジとマリとの別れを経て、アスカは再びハッと目を覚まし、エントリープラグごと脱出する。量産型の式波タイプとしてのアスカは失敗の連続を経て成功を摑んだがゆえに失敗を恐れる少女であり、エヴァの呪縛は彼女を成長することに失敗し続ける身体へ縛り続けてきた。そんな彼女がたどり着くのが、のちにケンスケの拠点近くに落ちたエントリープラグが示唆するように、第3村である。アスカを第3村へ立ち戻らせる展開は、エヴァの呪縛から解放された彼女がケンスケ、あるいは別の誰かと共に生殖のサイクルへと参加できるようになったことを観客に期待させる。

円環の定めの中でカヲルは永遠に渚カヲルを演じ続け、そしてそれぞれの物語においてシンジの幸せを願う。「生命の書に名を連ねているからね」とカヲルが述べる通り、二人はどの世界線でも惹かれ合い、重なり合う。他者との関わりを求める「相補性のある世界」を望むシンジと共に生命の書に名を刻むことを選んだのがカヲル自身である。テレビアニメ版や漫画版におけるカヲルとシンジの関係性が常にクィアな読みを誘ってきたように、シンジの幸せの追求は時にホモエロティックな欲望をも喚起させるものだった。『Q』にみるピアノ演奏において「音が楽しい。二人ってすごいね」と喜ぶカヲルや、カヲルとの演奏を思い出しカヲルの声と音色を反芻しながら両手を動かすシンジが形成していく関係性はその最たる例である。シンジによってカヲルは円環から救済され、加持リョウジと並んで畑道を歩んでいく。「葛城と一緒に、老後は畑仕事でも、どうです?」と問う加持に対して、「そうだね、それもいいね」と返すカヲルの後ろ姿を映してシャッターが閉まる。カヲルが定められた死から解放され、老後を目指すことができるようになった可能性は重要であるものの、彼の隣に歩くのが加持ではなく（また別の）シンジであったらと強く願ってしまうほど、その背中は寂しく映る。

シンジによる綾波レイの救済は、レイがシンジにエヴァに乗らなくてもいい幸せを見つけてもらうために初号機内に残り続けたことへの感謝である。「もう一人の君」であるアヤナミレイ（仮称）が第3村を好きだった経験が、どのようにレイへ継承されているのか、その仕組みは十分に明らかではないが、レイは「ツバメ」と書かれた継ぎ接ぎでできた人形を抱えている。「ここじゃない君の生き方もあるよ」とシンジが強く述べるとき、「ここ」とはエヴァンゲリオン（初号機）を示し、そこには属さない生き方を模索することはつまり、レイがシンジの幸せを祈ったように、シンジもまた同様の形でレイの幸せを願うことを意味する。レイがスタジオを退出する前に、着ぐるみを着たケンスケが現れることから、レイもまたアヤナミレイ（仮称）のように第3村に象徴される「新しい居場所」へと導かれるのだろう。その「新しい居場所」において、レイもまた成長し、新しい命の誕生と成長を喜び、誰かと老いていく未来へと進むことができるのかもしれない。レイが「碇くん、ありがとう」と去り、ネオン・ジェネシスの創生が始まる。エヴァの存在しない、エヴァの呪縛から解放された世界の始まりである。

終劇——異性愛規範に対する「あんたバカァ？」

ネオン・ジェネシスに託したシンジの願いは、「新しい、人が生きていける世界」である。全てのエヴァンゲリオンに別れを告げ、様々なインパクトによって破壊（浄化）され尽くした世界を書き換えた先には、赤い大地ではなく、色鮮やかな世界が広がっている。それはマイナス宇宙へマリが迎えにきてくれたことによって取り戻された色と言ってもよいかもしれない。マイナス宇宙におけるマリによる「お待たせ、シンジくん」という呼びかけによって、かつて少年であったシンジは新しい世界で目を覚ます。

宇部新川駅へ戻ろう。シンジが座るホームの向かいには、カヲルとレイが並んで話しているように見え、またアスカが一人で椅子に腰掛けているのが見える。別々のホームに集うかつてのチルドレンたちは、この駅からどこへ向かうのか。マリがシンジに目隠しをする前、向かいのホームに電車がやってくる。三人が電車に乗ったかどうかは定かではないが、少なくともシンジやマリとは異なる目的地へ進んでいくのだろう。ここで私たち観客の多くが少なくとも確信するのは、成長したシンジがマリと一緒に未来を築いていく可能性への期待である。それが新劇場版四部作の終点として『シン・エヴァ』がたどり着く成長物語の行き先である。

だが、本稿は最後の着眼として、『シン・エヴァ』が成長の主題を通じてどのようにシンジという少年キャラクターに向けられてきたクィアな可能性から脱却を図るかについて考えたい[4]。そこで本稿が注目するのが大人シンジの声である。

『シン・エヴァ』製作時、庵野が緒方恵美に対して「お前がずっと14歳の心を手放さないでいてくれたから、なんとかなった」と言ったように、少年シンジは緒方の中で生きてきた。[5] 私たち観客は、様々なメディアミックスを通じて差異と反復を伴いながらも緒方の中で生きてきた十四歳のシンジの軌跡を追い続けてきたのだ。映画研究者の石田美紀が指摘するように、「性別と年齢が少年キャラクターと乖離する女性声優」として、緒方の肉声は碇シンジという少年に肉感を与え、また特に「キャラクター自身が性的欲望を備えている生々しさ」を見事に体現してきた。[6] それによってシンジという少年には、アスカの裸体へ欲情する性欲だけでなく、カヲルとの接触に心躍り頬を赤らめるような視線から、バイセクシュアリティを読み取るクィアな可能性も秘められていた。もちろん、大人になったシンジにもその可能性は残っている。けれどもやはり、ネオン・ジェネシスによって「新しい、人が生きていける世界」には、そのようなクィアな可能性は必要とされていないではないかと考えさせられる。

その要因は、大人シンジの声を演じたのが神木隆之介だからだろう。神木は『君の名は。』（新海誠、二〇一六年）において高校生の少女・宮水三葉と身体が入れ替わる高校生の少年・立花瀧を演じた。少年少女の不安定で不完全なジェンダーとセクシュアリティの表象にはクィアな可能性が織り込まれていた。にもかかわらず、ネオン・ジェネシスとは規模が異なるものの、瀧が三葉と協力して目指す天災から人々を守るための世界の再編によって、その可能性は萎んでしまう。少年少女から大人になる間に互いの存在を忘れていた二人が、東京ですれ違う電車の窓から互いを偶然見つけ、そして最後に巡り会い直す展開は極めて異性愛規範的な枠組みでの語りであった。神木が大人シンジの声を演じることにより、大人になったシンジとマリの姿には、大人になった瀧と三葉の残像が付き纏う。そして当然、このような解釈は私たち観客の多くが異性愛規範を内面化しているが故に起動させられてしまうのだ。

人が子どもから大人へと成長する過程において、なぜその人物が異性愛者だと決めつけられなければならないのか。それは『シン・エヴァ』の結末に対して観客の一部がスクリーンに投げつける問いの一つでもあろう。なぜシンジに目隠しをし、シンジと手を取り合って階段をかけていくのが女性なのか。カヲルであっても良かったのではないか。また、前節ではアスカがケンスケの元へ戻り、恋愛関係やそれ以上になりうる可能性を示した。しかし、海辺の場面と比較して、プラグ内に座るアスカの体型は第3村シークエンスのものと近い。もしアスカが十四歳から生き直すことも「新しい、人が生きていける世界」に可能性として含まれるのであれば、子どもから大人へと成長する過程で期待される生殖活動とそのサイクルへの参加に対して「あんたバカァ？」と中指を突き立て、マリと共に世界中の本を読み漁るための旅に出発してもらいたいと切に願う。

註

1 「庵野監督インタビュー Part 2」『新世紀エヴァンゲリオン　JUNE読本』マガジン・マガジン、一九九七年、三十四〜三十五頁。

2 『Q』のネルフ侵攻時、マリがプラグ内でドリンクを飲んでいる様子が描かれる。また、『シン・エヴァ』では古今東西の本を読み漁りたいと発言している。これはマリもアスカ同様に水分以外を必要とせず、また睡眠に制限されない潤沢な時間を使って知識を得ようとする姿にも見える。よって、マリもエヴァの呪縛に囚われていると考えられる。マリはゲンドウとも面識があり、ユイのことも知っているため、貞本義行による漫画版『新世紀エヴァンゲリオン』十四巻（二〇一四年）にみるマリの設定を引き継いでいることが推測される。

3　異性愛規範的な時間性については以下に詳しい。J. Jack Halberstam. *In a Queer Time & Place: Transgender Bodies, Subcultural Lives*. New York: New York University Press, 2005.

4　テレビアニメ『新世紀エヴァンゲリオン』は常にクィアな読みを誘うテクストであり続けてきた。例えば二〇一九年に英語圏へNetflix配信が開始した際、シンジの吹き替えをノンバイナリーのトランス女性であるケイシー・モングリオが担当した事実は、シンジが自分ではない何かになろうと訓練を反復する姿や勃起する身体を恥じる姿に対して、シンジの経験をトランスジェンダーの経験として読み解く可能性を提示した。また同時期には、第弐拾四話「最後のシ者」の英語字幕に関してＳＮＳを中心に批判が巻き起こった。具体的には、風呂に浸かるシンジの手にカヲルの手が重ねられる様子がクロース・アップで提示された後、赤面するシンジとシンジを見つめるカヲルの顔の切り返しを経て、カヲルは「好意に値するよ」「好きってことさ」とシンジに伝える。Netflixが用意した字幕は、二人きりの暗がりの風呂場という閉ざされた空間において放たれるカヲルの「好き」の真意を十分に理解できていないとして、異性愛規範による「クィアの抹消 queer erasure」として問題視された。このように、脚本家の薩川昭夫によってテレビアニメ版に美しく織り込まれていたシンジとカヲルの間のホモエロティックな豊かさは、国内外のクィアなファンダムにおいて従来重要なものであったと考えられる。一方、新劇場版ではカヲルに対するシンジの親密な感情は温存されるものの、それまで同様あるいはより高い強度でクィアな読みを誘う可能性は残念ながら排除されている。以下、参照。「庵野監督インタビュー Part 1」『新世紀エヴァンゲリオン　ＪＵＮＥ読本』マガジン・マガジン、一九九七年、十一頁。；Carol Grant. "'Neon Genesis Evangelion' Feels More Explicitly Queer Thanks to This Trans Voice Actor." *VICE*. July 12, 2019. https://www.vice.com/en/article/neap3g/neon-genesis-evangelion-feelsmore-explicitly-queer-thanks-to-this-trans-voice-actor-netflix?utm_source=vicetwitterus（二〇二一年四月十一日）; Aja Romano. "Netflix's re-translation of Neon Genesis Evangelion is drawing backlash for queer erasure." *Vox*. June 25, 2019. https://www.vox.com/culture/2019/6/24/18701179/netflix-neon-genesis-evangelion-kaworu-gay-backlash（二〇二一年四月十一日）

5　「緒方恵美インタビュー」『シン・エヴァンゲリオン劇場版:||パンフレット』二〇二一年、二十頁。

6　石田美紀『アニメと声優のメディア史　なぜ女性が少年を演じるのか』青弓社、二〇二〇年、一五八、一七三頁。

007　久保 豊

エヴァの呪縛に中指を突き立てる

——『シン・エヴァンゲリオン劇場版:||』にみる成長の主題

初恋の喪失と、ありがとう、さようなら。『シン・エヴァ』が描いた〝成長〟

照沼健太

『シン・エヴァ』に寄せられる賞賛で目立つのが「ちゃんと終わった」といったものだが、物語の完結それ自体が賞賛につながるのも不思議な話である。しかし、そんな評判も無理はないだろう。なぜなら『エヴァ』は「終わらない作品」の代名詞だったからだ。

ＴＶ版『新世紀エヴァンゲリオン』では最終2話でストーリーの完結を放棄。翌年の『新世紀エヴァンゲリオン劇場版 Air/まごころを、君に』では、メタフィクションを盛大に盛り込んだ精神世界での出来事が世界を崩壊させ、「気持ち悪い」と観客を拒絶する〝終劇〟が用意された。それらの〝終わり方〟は物議を醸し、日本のポップカルチャー全体にトラウマを残してしまったのはご存知の通り。

そんな〝放棄〟されたとも捉えられかねない終局を迎えた『エヴァ』だったが、２００６年の『新劇場版』シリーズ発表とともに、真の完結への期待が高まった。しかし、２０１３年の3作目『Q』での衝撃的な展開により状況は一変。「あれから14年経ってるってことよ」というアスカのセリフに、それまでどこか安全圏から『新劇場版』シリーズを眺めていた筆者をはじめとした旧来のファンは、

97年当時の殺伐とした『エヴァ』世界に引きずり戻されるのを感じて青ざめるしかなかった。

さらには『Q』から待てども新作情報が何も発表されないなか、２０１５年の『シン・ゴジラ』制作発表に伴う所信表明内で、庵野秀明総監督が自ら『Q』制作後に鬱状態となっていたことが判明……。

そうした経緯も含め、多くのファンが「本当にエヴァは終わるのか？」と『シン・エヴァ』に疑問を抱いていたのも無理はない。

だが、『シン・エヴァ』は見事にエヴァを終わらせた。数々の謎や伏線を回収しながら、それぞれのキャラクターが次々と成仏するかのように救われていく展開。すべての出会いを祝福しながら、新たな世界への旅だちを告げるエンディング。それは総監督・庵野秀明による『エヴァ』からの卒業宣言のようだった。同時に、最長26年の歴史を持つ作品ファンの多くにとっても卒業式そのものだった。そんな長年の〝エヴァの呪縛〟を解き放つような終わらせ方は、広く受け入れられ絶賛をもって迎えられたのだった。

けれども、決して賛辞だけが本作に寄せられているわけではない。２０２１年5月13日、株式会社カラーは「『シン・エヴァンゲリオン劇場版』制作関係者に対する誹謗中傷・脅迫行為に関して」と題した声明を発表。作品の内容に対しての不満を作者への誹謗中傷や脅迫に変える稚拙な言動は絶対に許すべきことではない。だが、『エヴァ』は約25年の歴史を持つ社会現象となった作品だけに、そうした強烈な思いこみを抱えたファンの存在も容易に想像がつく。それほどまでの熱狂があったからこそ、時代を代表する作品となったのだから。そして『シン・エヴァ』はそんな熱烈なファンほど肩透かしを覚えかねない内容だったのも事実。

筆者も初見時はその内容に混乱し「突然終わらせにかかってきた。畳みにかかってきた」という印象を抱いたのが正直なところである。例えば、これまで『エヴァ』が避けてきたようにすら思える丁寧な説明や対話、救済の数々について、「庵野秀明総監督が、もう『エヴァ』を作りたくないから急ピッチで終わらせた」と受け取るファンが出てくることも不思議ではない。

しかし、だからこそ筆者は本稿を書く。「『シン・エヴァ』で描かれた〝成長〟は、『エヴァ』の完結に複雑な思いを抱く旧来のファンこそが、真摯に受け止めるべき結論だったのだ」と。

『エヴァ』に対する贖罪である、『新劇場版』シリーズ

２００６年、『ヱヴァンゲリヲン新劇場版』シリーズの発表とともに、庵野秀明総監督による所信表明「我々は再び、何を作ろうとしているのか?」が公式サイトに掲載された。そこで総監督はかつて『エヴァ』に込めた「自分の正直な気分というものをフィルムに定着させたいという願い。アニメーション映像が持っているイメージの具現化、表現の多様さ、原始的な感情に触れる、本来の面白さを一人でも多くの人に伝えたいという願い。疲弊する閉塞感を打破したいという願い。現実世界で生きていく心の強さを持ち続けたい、という願い」といった願いの数々を再び具現化するために『エヴァ』再映画化の実行を宣言した。

『エヴァ』が庵野秀明総監督の私小説的な作品としての側面を持つことは言うまでもないが、それは同時に「（庵野秀明の人生が続く以上、本質的には）終わらない作品」であることも示唆していたのだ。事実として、総監督はいくつかのインタビューで、97年に『エヴァ』を完結させた後、どんな新しい企画を立ち上げても『エヴァ』のような内容にしかならなかったことを明かしている。

「「エヴァ」はくり返しの物語です。主人公が何度も同じ目に遭いながら、ひたすら立ち上がっ

ていく話です。わずかでも前に進もうとする、意思の話です」

所信表明のこの一節は、『エヴァ』を再び作ることへの、総監督の切実で誠実な言葉である。筆者としては『Air/まごころを、君に』は、しっかりと作品を終わらせた傑作だと考えているが、その一方で、あの作品が数多くのファン、庵野秀明総監督をはじめとするスタッフ陣、そしてアニメ業界や日本のポップカルチャー全体への〝呪縛〟となってしまったのは否めない。「『エヴァ』を終わらせなければ、庵野秀明総監督もアニメ業界も先に進めない」というムードは、『新劇場版』シリーズのモチベーションの一つとなっていたことは間違いないだろう。そして『エヴァ』ほど平成という時代と密接に結びついた作品はない。「鶏が先か卵が先か」という話にはなるが、「成長しない時代＝平成」というムードを作った一因を、『エヴァ』に見ることは難しくない。あまりに重い十字架であるが、『エヴァ』とはそんな業を背負った作品なのだ。

さて、そんな『エヴァ』を終わらせるべく作られた『新劇場版』はどんな構造になっているのか？結論から言えば「『エヴァ』という作品そのもの」を中心的テーマとした作品だと考えられる。

まず、日本のアニメ史には三つの大きなムーブメントがあったことを振り返ろう。子供向けの「漫画映画」の枠を超えたアニメブームを巻き起こした『宇宙戦艦ヤマト』、そして現在まで続く巨大ロボットものというジャンルを定着させ〝人気シリーズ〟という産業を作り上げた『機動戦士ガンダム』、そしてそれらに続く三つ目のムーブメントはまさしく『エヴァ』である。つまり『新劇場版』劇中の「サードインパクト」は、「エヴァ現象」とも呼ばれた第三次アニメブームのメタファーとも捉えることができるのだ。

これを踏まえて新劇場版全体を見渡してみよう。『序』と『破』は細かい設定や展開の違いこそあれど、基本的には旧世紀版のリメイクである。96～97年頃の『エヴァ』を取り巻く環境をベースとしながら、物語は最高潮へ向かっていく。そこには再び『エヴァ』を作ることに対する、庵野総監督はじめとしたスタジオカラーのスタッフたちの高揚が、見事なグルーヴを与えている。しかし『Ｑ』で様子は一変。「シンジがエヴァに乗ったこと」＝「庵野秀明総監督が『エヴァ』を作ったこと」によって世界＝業界がめちゃくちゃになってしまった事実が明らかになる。エヴァもどきが地上を覆い尽くした、どうしようもない真っ赤な世界。そこでカヲルは「エヴァで変わった事は、エヴァで再び変えてしまえばいい」という言葉をシンジにかける。「エヴァでやり直す」、それは先の所信表明の通り、新劇場版のモチベーションそのものだと言っていいだろう。

ここまではいい。しかし、「エヴァの呪縛」「贖罪」という言葉で、『エヴァ』現象に対するスタンスを明確にした『Ｑ』を作った結果、庵野秀明総監督は（本人の言葉を借りるなら）〝壊れて〟しまったのだ。そもそも『エヴァ』ブームを庵野総監督個人の目線で見るならば、それは経済的成功をもたらした功績でありながら、同時に古巣ガイナックスを崩壊させ、旧友との関係を破壊し、業界を荒廃させてしまった。そしてアニメファンからは誹謗中傷や脅迫を浴びせかけられ、メディアや批評家からは、その未熟なキャラクターや世界観を、成長を止めた日本とリンクして批判されてしまった。庵野氏はこうした地獄に苦しんできたのだ。そしてそんな〝過去〟と向き合い、それを商業作品として昇華するのは、体力的、精神的にも想像を絶するものだったはずだ。

さらには「『エヴァ』を終わらせる」という重責もそこに重なる。総監督自身は『Ｑ』制作後に鬱状態に陥ったことについて、ＮＨＫ　ＢＳ１のドキュメンタリー『さようなら全てのエヴァンゲリオン～庵野秀明の１２１４日～』内で「折れちゃったんですよね」と振り返っている。曰く、自らの才能ではみんなが満足するかたちで『エヴァ』を終わらせることができないと感じてしまったのだという。同時に「僕が終わらせる必要はなく、とにかくエヴァンゲリオンっていう物語が終わればいい」と、ひたすら『エヴァ』を終わらせることに対する執念を滲ませる。

『エヴァ』を終わらせることに対する責任感。それは庵野総監督の人生を通して培われた、作品作りに対する真摯な姿勢からくるものだろう。『シン・エヴァ』で碇ゲンドウが発した「虚構と現実を等しく信じる人類」という言葉には、物語が現実に与える影響力の強さに対する総監督の実感の強さを感じずにいられない。NHKのドキュメンタリー『プロフェッショナル　仕事の流儀～庵野秀明スペシャル～』内でも、番組ディレクターと庵野総監督との間で次のようなやりとりがあった。

番組D「アニメで名をなした自負は？」
庵野「ない。胸を張れるような商売じゃない」
番組D「でもいろんな人の人生変えてるじゃないですか」
庵野「それは申し訳ないともいえる。その人にとって良かれのこともあるかもしれないけど、逆の可能性もあるわけじゃないですか。それは何も言えない」

そう、作品はそれだけの力を持つことがあるのだ。『シン・エヴァンゲリオン劇場版』というタイトルの『シン』には、当然ながら複数の意味が込められている。その上で、こうした作品の経緯や、劇中で繰り返される「贖罪」についての会話を踏まえれば、そこに「sin＝罪」という意味を読み取ることは自然な流れだろう。『Q』では『エヴァ』を作った罪と罰を「エヴァの呪縛」と表現した。であれば、『シン・エヴァ』で果たそうとしたのは、『エヴァ』を終わらせ「エヴァの呪縛」を解く

〝贖罪〟なのだ。

エヴァを終わらせる唯一の方法は、〝成長〟だった

では、『シン・エヴァ』はどのようにして『エヴァ』を終わらせたのか？　結論から言えば、それは〝成長〟である。

『破』でマリが言及したシンジの「匂い」とは、ＬＣＬ＝羊水の残り香が漂う未熟な子供である少年が、大人に近づいていくことを示す目盛りのようなものだった。つまり早い段階で成長が『新劇場版』のキーワードになっていたのだろう。

そして、そんな「成長」を描くために採られた〝儀式〟のひとつが「家出」である。『新劇場版』シリーズ全４作すべてで、シンジは保護者の元から家出しているのである。『序』では第５の使徒との戦闘後に第３新東京市郊外を放浪し、『破』では３号機事件後にパイロット抹消とともに第３新東京市を後にしようとする。『Ｑ』では激変する環境に耐えきれずエヴァMark.09に連れ去られるかたちでヴンダーを去る。『シン・エヴァ』ではアスカに無理矢理レーションを食わされた後に、ケンスケとアスカの元からネルフ施設跡地へ辿り着く。

このように繰り返されるシンジの家出だが、特筆すべきは『新劇場版』シリーズでは最終作の『シン・エヴァ』ではじめてシンジが自発的に家出を終了したことである。ＴＶ版の第四話「雨、逃げ出した後」では、シンジは箱根湯本駅でミサトに「ただいま」と言い家出を終了させていたが、『序』ではネルフ諜報部に連れ戻されてから、釈然としないままなんとなくいつもの生活に戻っているのだ。つまり、真の意味でシンジが家出を終了しミサトの元へ帰るのは、『シン・エヴァ』でのヴンダーへの帰還が初めてなのだ。14年間にわたる、あまりにも長い家出が終了したあの瞬間、シンジの成長は

決定的なものになった。

だが、一方でミサトは家出を終えたシンジに会おうとしない。「そうやって格好つけてるけど、本当はシンジ君が戻って来てくれたと喜んでるんでしょう」とリツコに見透かされながらも。そう、ミサトは『エヴァ』のもう一人の主人公である（『新世紀エヴァンゲリオン』所信表明参照）。

ヴィレが敗北し、アスカを取り込んだ碇ゲンドウと第13号機がマイナス宇宙へ消えた後、その絶望的な状況でシンジは言う。「僕がエヴァ初号機に乗ります」。このシーンで流れている劇伴音楽は、シンジが「逃げちゃダメだ」と初めて初号機に乗ることを決意するシーンと同じ曲の別バージョンだ。理不尽ともいえるあの流れに対して、成長したシンジがケリをつける伏線回収である。

では、次に成長するのは、もう一人の主人公であるミサト以外にいない。北上ミドリや鈴原サクラらの怒りと悲しみからシンジをかばい、自ら銃弾を受ける。そして彼女は言う。「現在も碇シンジは私葛城ミサトの管理下にあり、これからの彼の行動の責任をすべて私が負うということです」。これはシンジの最初の家出のきっかけの一つである、使徒戦後のロッカールームでミサトが言った「あなたの作戦責任者は私でしょ。あなたは私の命令に従う義務があるの、分かるわね？」への自らのアンサーだ。そして続ける。「私は、今のシンジ君に全てを託してみたい」と。

さらに、このシークエンスは『エヴァ』史上極めて重要なパートのアンサーでありリベンジでもある。あなたは第25話「Air」で、瀕死ミサトはシンジにこう言ったのを覚えているだろうか。

「どんな思いが待っていても。それはあなたが自分ひとりで決めたことなのよシンジ君。価値のあることなのよ。あなた自身のことなのよ。誤魔化さずに、自分にできることを考え、償いは自分でやりなさい」

「もう一度エヴァに乗ってケリをつけなさい。エヴァに乗っていた自分に。何のためにここに来たのか。何のためにここにいるのか。今の自分の答えを見つけなさい。そして、ケリをつけたら必ず戻ってくるのよ」

ご存知の通り、このミサトの言葉も虚しく、シンジは具体的な行動を何も起こさないまま世界を破滅させてしまった。それが95～97年の旧世紀版『エヴァ』だったのだ。しかし時は経った。シンジはミサトに向き合い、自らエヴァに乗る。ミサトはリツコらヴィレクルーとともに、神の槍を作りシンジの元に届ける。二人はあのとき守れなかった約束を、ついに果たしたのだ。

成長の儀式。父性の獲得、母との別れ、初恋の喪失

先述した『シン・エヴァ』に対する批判や違和感のうち半分くらいは、このシンジの成長に対する違和感なのではないだろうか。そしてそれは、成長しない主人公としてシンジを見てきた、長年の観客ほど抱きやすい感情のはずだ。しかし、先の「家出」視点での作品構造からも分かるとおり、実は『新劇場版』シリーズを通してシンジの成長はとても丁寧に描かれている。

「まともな大人キャラがいない」とは『エヴァ』批判の定番だが、そんな歪な人物配置がされているからこそ、『エヴァ』はシンジが成長できない物語になっていたとも言える。では『新劇場版』シリーズを通した、そんな作品世界の中でシンジはどのように成長したのだろうか？

その答えは「自分一人では生きていくことができない」「世界は有限である」という〝認識の獲得〟であり、他人の想いを受け取る他者との〝コミュニケーションの会得〟であり、自ら身体を動かしながらの〝生活と仕事〟であった。それは正直、極めて当たり前の結論である。しかし、これまでそれ

らを拒否してきたかのような『エヴァ』がここに辿り着いた事実には、他にはない重みがある。そしてそれらは鬱からの回復プロセスともシンクロし、『シン・エヴァ』で繰り返されるキーワード「相補性」にも繋がっている。

　さらにもう一つ、ロールモデルとなる大人がいない『エヴァ』世界でシンジの成長と回復に欠かせなかったのが〝父性の獲得〟である。シンジは第3村で赤子のようなアヤナミレイ（仮称）と一緒に成長すると同時に、彼女の父としての役割も担っていた。これは息子であるシンジを放棄したゲンドウを超えるための成長として、とても象徴的なプロセスであり儀式である。第3村でケンスケの父親の墓参りをするシーンは、それらをつなぐ伏線でもある。

　そして、シンジの成長に大きな役割を果たした「第3の主人公」とも呼ぶべきキャラクターが、アスカだ。無数のクローン体の一人として自己を確立して生存するために、幼い頃から一人で生きていく努力を強いられてきたアスカは、『破』の通称「落下使徒」こと第8の使徒戦で初めて挫折を体験する。シンジ、レイとともに辛くも第8の使徒を殲滅した経験によって、自分が一人では生きていけないことを初めて知ったのだ。『シン・エヴァ』上映前の総集編『これまでのヱヴァンゲリヲン新劇場版』に、当該カットが差し込まれていることからも、この展開が物語に不可欠だったことは明らかだ。

　そしてアスカはシンジに惹かれ始めるが、シンジはそんなアスカが3号機に取り込まれた際、何もしなかった。助けることも、殺すことも放棄した（これは「Air」で量産機からアスカを助けなかったこととのリフレインとも捉えられる）。そして生存したアスカはシンジを置いて大人になり、シンジに告げる。「好きだったんだと思う」「でも、私が先に大人になっちゃった」と。これこそがエヴァの呪縛に向き合ったアスカと、眠り続けたシンジとの14年間の差なのだ。

　だが、成長したアスカはシンジを見捨てない。言葉遣いや行動こそ乱暴ではあるが、彼女は誰もシンジに言わなかった、誰もがあえて『エヴァ』について言わなくなっていたツッコミを繰り返す。
「メンタル弱すぎ」「どうせやることなすこと裏目に出て、取り返しがつかなくなって、全部自分のせいだからもう何もしたくないってだけでしょ」「「そんな精神強度だったら、そもそもエヴァに乗らないで欲しかったわ」「ガキに必要なのは、恋人じゃない、母親よ」

このアスカの想いを受け止められるかどうかが、『シン・エヴァ』の受け止め方に大きく作用してくるだろう。というのも『シン・エヴァ』の内容に不満を抱き誹謗中傷に走ったファンのうち多くは、シンジとアスカが結ばれなかったことに対して不満を爆発させたと想像できるからだ。26年の時を経てアスカが辿り着く先が、シンジではなくケンスケだったことに、裏切られた気持ちになり、まるで自分が失恋したかのように捉えたのだろう。

しかし、それはあまりに身勝手で幼い発想だ。初恋の喪失は、父や母との別離とともに、成長するための通過儀礼だ。この構造からもシンジとアスカが結ばれる運命など、最初からあり得ないのだ。

そして、アスカの視点から見てもシンジは初恋の相手であり、その恋は失恋に終わっている。『エヴァ』25年の歴史の中、もっとも苦難に見舞われたキャラクターであるアスカは、最終的に初恋の相手であるシンジを成長させる役割を果たし、それによって大人になったシンジの助けによって、相補性の中でエヴァの呪縛を解かれ、ケンスケの元へと帰ったのだ。それは決して悲劇ではない。二人は最後にあの浜辺で出会い、お互いが想いあっていたことを知ったのだから。

「よかった、また会えて。これだけは伝えておきたかったんだ。ありがとう。僕を好きだと言ってくれて。僕もアスカを好きだったよ」

あまりにも切なく、美しい思い出。これ以上に何が必要だと言うのだろう?

「さよならアスカ。ケンスケによろしく」

最後に『シン・エヴァ』におけるケンスケがどんな役割を持ったキャラクターだったのかを考えるべきだろう。残酷なようだが、少なくとも旧世紀版から『エヴァ』を観てきた旧来のファンにとっては、『シン・エヴァ』で自らを14歳のシンジに重ね合わせるべきではない。約25年間『エヴァ』とともにいた観客があるべき姿、「こうあってほしい」と作り手が願った姿こそが、大人になった〝ケンケン〟だと考えられるからだ。ケンスケとはもともと「エヴァに乗りたくても乗れなかった少年」だった。つまり「エヴァファン」の象徴ではないだろうか。しかし『シン・エヴァ』では、そんなかつての少年が大人になり、今度はシンジを助ける。これは「ファンのおかげで『エヴァ』を再び作ることができた」という作者からの感謝そのものだ。「エヴァを支えてくれて、大人になってくれて、ありがとう」と。つまり、いつまでも14歳のシンジに感情移入をすること自体が間違いなのだ。

だがシンジは劇中で成長する。そんなシンジに対し、カヲルは言う。「そうか。君はもう成長してたんだった。少し寂しいけど、それもいいね」。

そう、成長も、卒業も、少し寂しい。でも、それは仕方のないことであり、いいことなのだ。先述のNHK「プロフェッショナル」の中で、碇シンジ役の声優・緒方恵美は「ここから新しい物語は始まらないんですか?」と庵野秀明総監督に質問するが、それに対する庵野総監督の答えは「始まらない。卒業は必ず来るから。僕のエヴァはこれで終わり」だ。

シンジが成長し、エヴァに乗らない生き方を選び、物語の円環が終わりに向かう。その瞬間を待っていた母・ユイは、ゲンドウとともに、シンジを助ける。初恋に別れを告げたシンジは、父と母を二人の男女として見つめ、理解し、別離を悟る。「ありがとう、さようなら」と。

それから彼はマリと手を取り合い、新たな世界へと走り出す……。

それは我々観客も同様である。きっと、劇場を出た瞬間に感じたはずだ。『エヴァ』をもう必要としない自分を。『エヴァ』が完結した後の世界の息吹を。

時間はかかるかもしれない。でも、誰もがいつかこの世界の中に、成長した自分を見つけるはずだ。たしかに卒業は寂しい。未練だって残るかもしれない。しかし、第3新東京市のあった『エヴァ』世界との別れに、シンジやアスカたちとの別れに、寂しさと、彼らへの愛しさを感じたのならば、それこそがきっと僕らの成長の証なのだ。

さよならの向こう側
——〈説明不足〉の象徴としての宇部、あるいは〈情報過剰〉アダプテーション

高島雄哉

Adaptation 1.
さよならとアダプテーション／本稿の要旨：シン・エヴァという語り直しの新しさとは何か

映画が始まって程なくして、かつて委員長だったヒカリは言う。

「（さよならは）また会うためのおまじないかな」

まさに映画を見ている側としては、１９９５年に始まったエヴァンゲリオンシリーズが、この『シン・エヴァ』によって終わるか終わらないか——終わらせるという監督の発言もあったような気もしながら——もしかして終わらないのかと疑念をさらに強めることになる。そのような〈思わせぶり〉はエヴァらしさの一部であって、見る側にとっては端的な喜びとなるのだけれど。

しかし映画中盤のどこかのタイミングで——レイがＬＣＬ化するところだろうか、ひとまずは——思い知らされる。『シン』はシリーズに幕を下ろす、別離の物語であり、物語の完結なのだと。そういえばと思い出す——劇場の入口に貼ってあったポスターでも念入りに「さらば、全てのエヴァンゲリオン。」と書いてあったのだった。

ここで確認しておくと、さよなら／さらばとは、「さようならば」「左様／然様であるならば」から来ており、お互いに別れることに至った現実を確認して別れを受け入れていこうとする言葉である。また会おうという意味はひとまずは、ない。

とはいえ左様／然様とは。ぼくたちは一体どのような現実を確認したのか。

これまで曖昧だった事柄が次々に開示され、あるいは登場人物たちが将来を選択していって、ＴＶ版初回から『：Ｑ』までの――見終えてからしばらくぼくが使っていた言い方を使えば〈謎ドリブン〉な――謎によって物語を駆動していくストーリーテリングを終えようとしているのだと思ったのだ。念入りなことに、ポスターで「さらば」と宣伝して。つまり〈さようであるならば〉として示される現実とは、あれこれ思い悩むことは残ってはいるものの、基本的には、青年シンジがマリに言う「行こう」に象徴されるようなものということになるだろう。――本当に？

公開後には早速様々な考察が――１９９５年にはなかった――各種ＳＮＳや動画共有サイトに次々とあげられている。体感的にはエヴァから始まったとも思える――本当はもっともっと前なのは明らかだけれど――〈謎〉を考察しようとする楽しみ方／消費の仕方は、今も健在なのだ。

ただ、ここでぼくは二十世紀末のような意味での〈謎ドリブン〉な作品理解の水準に戻ろうなどとはまったく思わない。謎による物語の駆動は、およそありとあらゆる〈物語り〉の基本であって、それはまさしく『シン・エヴァ』でも強く機能していた。ぼくが初見時に感じた「さよなら」にも似た満足感は、多くの部分で、謎と謎の開示によってもたらされたものだ。

多種多様な映像表現による目くるめく満足感もあったのだけれど――そしてそれだけを切り出して称賛する向きもあるようだけれど――物語りの方法たる映像表現は当然、物語られるストーリーと強く結びついていることを思い出すべきだろう。

とはいえ／だから、本論が考える問いは次の一文に集約される――〈謎ドリブン〉な作品は多くあるにもかかわらず、なぜエヴァは特別なのか？

本論執筆中の２０２１年５月上旬現在、『シン・エヴァ』公開五十五日目にして興行収入は八十一億円を超え、観客動員数は五百万人を突破している。これはエヴァシリーズ最高記録だ。

映画では〈マーベル・シネマティック・ユニバース、ＭＣＵ〉を代表として、シリーズが進むにつれて盛り上がっていくことはある。ＭＣＵシリーズのひとまずの完結作である『アベンジャーズ／エンドゲーム』は現時点でシリーズ最高の興行収入だ。あるいはマンガでも何十巻もある大作については、最終巻や最終回だけを読むということはあり、『シン・エヴァ』も似たような受容のされ方をしていることは否めないだろう。

しかし『シン・エヴァ』の特殊性はそれだけではない。『シン・エヴァ』はすべてのエヴァの完結編ではあるのだけれど、それと同時に、新劇場版四部作の完結編なのだ。エヴァはＴＶでの最終回があり、旧劇場版の完結があり、そして『シン・エヴァ』で三度目の終幕を迎える。

『シン・エヴァ』の英題は“EVANGELION:3.0+1.0 THRICE UPON A TIME”。このTHRICE UPON A TIMEはＪ・Ｐ・ホーガンのＳＦ長編小説『未来からのホットライン』（東京創元社、小隅黎訳）の原題であり、ONCE UPON A TIMEを異化したものだ。ここでTHRICEとは「三回、三度」を意味するわけだけれど、転じて「何度も」という意味にもなる。

ここでカナダの文芸批評家であり研究者であるリンダ・ハッチオン『アダプテーションの理論』（晃洋書房、片渕・鴨川・武田訳）を引用することは自然だろう。アダプテーション adaptation とは「翻案」「適用」を意味する英単語だが、ハッチオンはいささか異なる意味で使っている。

「アダプテーションとは副次的ではない派生物、二次的にならずに二番目に製作された作品である」
たとえば小説が一番目に書かれたとして、その映像化やゲーム化や演劇化やグッズ化などによって展開されたものも――ハッチオン流ではその行為自体も――アダプテーションなのだ。ハッチオンはさらに、アダプテーションによって作品は新たな解釈と価値を得て進化していくと指摘する。

今や、映画化もアニメ化も小説化もゲーム化も、それらすべてが同時展開することも、まったく珍しくない（ぼくとしても、オリジナルの小説を書くと同時に、ＳＦ考証として参加したアニメーション『ゼーガペインＡＤＰ』やＶＲゲーム『アルトデウスＢＣ』の小説を書いている。つまりアダプテーションしているのだ）。

つまり先ほどの問いは次のように言い換えられる。――何度も語り直すことによって、アダプテーションによって、エヴァは一体何を得ることになったのか？

Adaptation 2.
〈説明不足１〉なぜ宇部新川駅なのか／自己紹介

ここで論者の自己紹介をしておこう。本論に本質的にかかわるのは二点、ぼく＝高島雄哉が〈宇部市＋宇部高校出身〉で今は〈小説家＋ＳＦ考証〉であるということだ。

ぼくは庵野監督と同じ山口県宇部市出身で、高校も同じ山口県立宇部高校だ。卒業年は庵野監督が１９７９年、ぼくは１９９６年だから、十九歳違うことになる。

エヴァＴＶ初回が放映された１９９５年当時、宇部市では――少なくともぼくの実家では特に衛星放送などは見ていなかったと思うけれど――福岡県の放送を見ることができたため、ぼくはリアルタイムで視聴することになった。

二十六年前の宇部高の教室を思い出す。庵野監督が宇部高卒だなんて当時のみんなは知らなかった。

今ではおそらく宇部高生や教師陣のほとんどが認識しているだろう（ぼくの場合、庵野監督が宇部／宇部高出身だということは、２０００年公開の『式日』を見た頃に雑誌かネットで知ったのだと思う）。

宇部市は南側で瀬戸内海に面する、人口十七万人弱の地方都市だ。宇部新川駅を含むＪＲ宇部線は海岸線を走っていて、宇部高校は宇部線のいずれの駅からも三、四キロメートル離れた内陸部にある。そのため宇部市内から宇部高に通う場合、電車を使うことはほぼありえず、宇部高生は徒歩か自転車かバスで通学することになる。ぼくは自転車通学だった。

宇部高生が宇部線を使うとき、それは市外に出るときだ。たとえば宇部から大阪に行く場合、宇部新川駅から宇部線で一時間、新山口駅で新幹線に乗り換えて新大阪駅に行くことになる（新山口駅に行くにはバスもある。また飛行機を使う場合も、宇部新川駅から同じ宇部線のＪＲ草江駅で降りて、海辺にある山口宇部空港に向かう）。

逆に自分が宇部に帰省するときも、宇部線を使うことになる。シンジとマリは、あるいは山口宇部空港で降りて、草江駅まで移動して、そこから宇部新川駅に移動したのかもしれない。

さて宇部市は『シン』ラストで映っていたように、高層ビルはなく――最も高いのは２０１９年に完成した山口大学医学部附属病院新病棟の十四階建てで――内陸から海岸まで市街地が広がり、海岸にはコンビナート群が広がっている。

宇部新川駅のすぐそばには宇部中央銀天街というアーケード商店街がある。二十世紀末前後にはシャッター街となり、その風景は庵野監督の実写映画『式日』でも活写されている。

ぼくが宇部高生だった頃の駅前には、書店とゲームセンターとモスバーガーもあった。そういえば宇部高校の一学年の定員を調べたところ、ぼくの代の四百名から今は二百四十名になっている。

現在、市内にはショッピングモールがあり、映画館もゲーセンも新刊書店もある。公開時点で『シン・エヴァンゲリオン』はそのモール内のシネコンの複数スクリーンでかかっていた。

宇部市は、山口県内で言えば萩や湯田温泉のような観光地ではないし、お世辞にも風光明媚な場所でもない。――ではなぜそのような場所＝宇部がエヴァシリーズの最後のシーンなのか。

次々と真相が明らかにされていく『シン・エヴァ』の後半パートは実に小気味いいのだけれど、その最後の最後に、宇部市民以外にはすぐにはわからないであろう宇部市を映す――その〈説明不足〉の意味／効果は何なのか。

それは次節の〈説明不足〉と合わせることでいくらかは解明されることだろう。

Adaptation 3.
〈説明不足2〉説明不足の語りとしての謎：マリの選曲＋加持父子の名前

アニメーション作品において音楽は――その歴史のほとんど初めから――極めて重要な位置を占めている。それはエヴァでも同じだ。

新劇場版では序破Ｑシン四作すべて、主題歌を宇多田ヒカルが歌う。『シン・エヴァ』の主題歌「One Last Kiss」は、「初めてのルーブルは／なんてことはなかったわ／私だけのモナリザ／もうとっくに出会ってたから」と歌い始められる。レオナルドによる『モナリザ』は様々に複製され――アダプテーションされて――ありふれたものとなっていて、という理解すらもありふれている。これは『シン・エヴァ』が置かれている〈アダプテーション的事態〉をアイロニカルに歌っているようにも思えてくる。語り直す元であるＴＶシリーズや旧劇場版を見ても、もはや元ネタの確認にしかならないのではないか、と。

さて、宇多田ヒカルの四曲と呼応するかのように、坂本真綾が演じるマリも新劇場版内で四曲を歌っている。中でも、アダプテーションという本論のテーマから、触れるべき楽曲がある。『:破』冒頭、そのシーンが初登場であるマリが歌う「三百六十五歩のマーチ」だ。マリはエヴァ仮設5号機に乗り、第3の使徒を迎え撃つ。「しあわせは歩いてこない／だから歩いてゆくんだね／一日一歩三日で三歩／三歩進んで二歩下がる／人生はワン・ツー・パンチ」と歌いながら。

歌詞としてエヴァのテーマに通じている面はあるけれど、それよりもこの歌「三百六十五歩のマーチ」が初めに歌った水前寺清子以降、多くの歌手によって〈カバー〉されていることに注目したい。カバーは音楽における典型的アダプテーションだ。坂本真綾は声優であり歌手であり、さらに多方面で活躍しており、マリ／坂本真綾の歌は〈多層／多奏アダプテーション〉と言える。エヴァは歌においてもアダプテーション／語り直しであることを強調しているのだ。

マリの歌については別の観点もある。マリは『:Q』においては「ひとりじゃないの」「グランプリの鷹」を、そして『シン・エヴァ』においては「真実一路のマーチ」を歌う。マリの四曲はどれも1970年前後にヒットした、いわゆる〈昭和歌謡〉なのだ。

この選曲は（後で言及するマンガ「EXTRA STAGE 夏色のエデン」での描写と合わせて）マリがシンジよりも年長であることを暗示するだろう。さらに言えば、エヴァにおいて音楽をこのむのはシンジとマリとゲンドウとカヲルの四人であり——ゲンドウとカヲルは『シン・エヴァ』において同一／近似の存在であることが示唆されるから——シンジとマリが結ばれることにもつながっている。二人の結末はかなり早い段階で予定されていたとも推察できるのだ。

ここまでの読解は、多くの〈作品外情報〉を必要とするものだ。エヴァはシリーズを通して様々な分野からの引用も多い。マリの歌は、エヴァにおける〈説明不足の語り〉の典型例なのだ。

説明不足は速やかに謎を生み出す。

009 高島雄哉

さよならの向こう側
——〈説明不足〉の象徴としての宇部、あるいは〈情報過剰〉アダプテーションエヴァにおいて、ＴＶ版や映画版で生じた説明不足のほとんどは、アダプテーションであるマンガやゲームで埋め合わされることもなく、むしろ謎は深まり広がっていく。まったく異なる展開をするスピンオフ／アダプテーションは、物語の並走化／世界の多層化をもたらすからだ。

ここでひとつの〈謎解き〉をしてみよう。

謎とは葛城ミサトによる息子への名付けについてだ。ミサトは加持リョウジとの子をリョウジと名付けている。欧米などの文化圏においては珍しくもない名付け方ではあるけれど、『シン・エヴァ』におけるもうひとりの新キャラである〈トウジとヒカリの娘〉には、ツバメという親二人とは異なる名前を付けられている。また、シンジもリョウジ（子）の名前を聞いて、いささか戸惑っている。リョウジは『シン・エヴァ』で提示された新たな謎なのだ。

今回『シン・エヴァ』においては多くのキャラの来し方行く末が語られていく（だから「さよなら」感が強まる）。後半〈ヤマト作戦〉開始直前のミサトとリツコの会話のなかで、父リョウジは子リョウジが生まれる前に死んでおり、父リョウジがミサトたちの戦艦〈ヴンダー〉に多くの生物の遺伝子を残す計画を進めていたことが明かされる。これは比較的明らかな名付けの仄めかし／説明だろう。母であるミサトは、種の保存を目指していたリョウジの名を――種を保存するかのように――子に付けたのだ。しかし、だとしても、リョウジのリョウだけを引き継ぐなどの名付け方もある。たとえばリョウジとミサトを混ぜてリョウトのように。ここにはもう少し意図的なもの――作為がある。

ミサトは息子とは二度と会わないと言う。自らを罰するように。しかしミサトの罪とは？

新劇場版におけるネルフは、特に『：Ｑ』から『シン・エヴァ』にかけて、世界崩壊の意図を明らかにしている。ミサトは『：Ｑ』以来ヴィレを組織してネルフと戦ってはいるが、それまではネルフの一員であり、シンジをエヴァ初号機に乗せ続けてきたことを悔いている。種の保存に敵対していた自分が、自分の種の保存をすることは許されないとミサトは判断し、純粋に父であるリョウジだけを引き継ぐように、子にリョウジと名付けたと考えられるだろう。

選曲の謎と名付けの謎は対照的だ。選曲については作品外情報が必須だし、名付けは作品内情報だけでおおよそ理解することができる（宇部市の謎は、選曲の謎に近いものだ）。作品〈内〉で解決する謎で物語を推進することも、作品〈外〉に受け手の関心を誘導することも、エヴァが多用するストーリーテリングではあるが、エヴァ特有というわけではない。ＳＦをきっかけに科学に関心を持つことは珍しくないだろう。

とはいえ、〈謎ドリブン〉の作品群の中でも、エヴァが特殊なのは間違いない。エヴァはその〈説明不足の過剰さ〉によって、誘導されうる〈作品外〉の方向を極めて多岐に分散している。科学に宗教、哲学、ＳＦ――エヴァには無数の魅惑的なキーワードが詰め込まれて、それらは詳細に解説されることはない。エヴァをきっかけにそれらの分野に興味を持った層は少なくないはずだ。〈説明不足の過剰〉とそれによる〈作品外の拡張〉はエヴァが有する著しい特徴のひとつなのだ。

Adaptation 4.
〈情報過剰1〉複数メディア展開とアーカイブ

とはいえエヴァの特徴と言えば、その苛烈なまでの情報の密度だろう。情報過剰と説明不足は互いに鏡像関係にある。本節と次節では、エヴァシリーズがどのように情報過剰を成立させているのかを考察していく。むろんそこにはアダプテーションが本質的に機能しているのだけれど。

まずは複数メディアへの展開を考えよう。エヴァは謎によって自らの〈作品外〉を拡張しながら、同時に、アダプテーション作品の多さによって、〈作品内〉をも拡張し、あるいはどこまでが作品内なのかを曖昧化するという戦略を採っている。

エヴァの代表的なアダプテーションは、エヴァのキャラクターデザインなどを担当した貞本義行によるコミック『新世紀エヴァンゲリオン』だ。映像を本編として、この貞本版まではエヴァ〈作品内〉とする向きが圧倒的多数であるように思われる。そのような理解がされる理由としては、最終巻の最後にはマリが登場するスピンオフ短編「EXTRA STAGE 夏色のエデン」が収録されており、これを読まないと新劇場版における最重要キャラクターの一人であるマリについての理解は、多くの部分で欠落したものとなることが大きい。

それでもなお映像のみを本編すなわち〈作品内〉と見なすことはありうるし、逆に本論のような宇部市についての言説までをも参考にすることも不思議ではない。

――アダプテーションによって総体として巨大になっているエヴァンゲリオンシリーズのどこからどこまでを知っておくべきなのだろうか？

エヴァ公式スピンオフコミックは――映像本編とは大きく異なった物語は――十作以上あり、小説があり、各種ゲームがあり（たまごっち風のエヴァっちやリアル脱出ゲームがあり）、全国を巡回した展覧会があり、ドキュメンタリー番組があり――それらの多くはアーカイブ化されてはいるだろうが、すべてを把握することは難しい。さらにこれからもハリウッドでの実写映画化も計画されている。加えて、映像だけを原典／聖典とすることも不可能だということについても触れておこう。そもそもの原初であるＴＶ版は――そのメディア特性上――画面の大きさや画質を統一することはできないものであった。それは映画館でも同じことで、各劇場には固有の建築的傾向があって、映像も音も一館ごとに精緻な調整を要する。

この映画館の体験というものは上映期間が終わってしまえば再現が難しく、上映の一回性はもちろんのこと、これまでも映画館において入場特典がたびたび配られてきたし、『シン・エヴァ』ではひさしぶりの舞台挨拶が二度もあった。これらは作品内なのか作品外なのか。エヴァ公式によるSNSやサイトでの情報発信も多く、すべてのエヴァ関連情報を知悉することは不可能だし、そんなことをしなくてもエヴァは楽しむことができる。

エヴァが有するこの〈作品内過剰性〉は作品総体の成熟そのものを示すもので、言祝がれるべきものだ。同規模の過剰性はシェイクスピアなどしか持っていないだろう。そしてアダプテーションによる聖典の不在は、解釈の停止を意味しない。作品境界が不安定に移ろう中、解釈は常に流動的存在となる。エヴァシリーズは『シン・エヴァ』をさらなる／最後の拡張として追加して、固定的な解釈に別れを告げた。

改めて確認しておくけれど、作品の最後に〈説明不足の謎〉として宇部を映したことは、エヴァの拡張的アダプテーションの運動をさらに推進するものだと言える。

作品境界についての思考は、作品の〈記録＝アーカイブ〉の議論にも繋がっていく。作品そのものも入手できるのは限られた期間だし、制作途中で生まれる様々な〈中間制作物〉は過去にはすぐに処分されていたという。今では資料集として編纂したり各アニメスタジオで保管したり、アーカイブ化の流れはあるものの、記憶容量には上限があるし経年劣化するものもあって、すべてをアーカイブ化することはできない。制作過程のすべてを真にアーカイブ化できるとすれば、それは作品理解を大いに進めることになるだろうし、次の作品にも大いに貢献することだろう。

庵野監督は現在〈特定非営利活動法人アニメ特撮アーカイブ機構（Anime Tokusatsu Archive Centre、ATAC）〉の理事長でもある。『シン・エヴァ』でも特撮へのオマージュは至るところに見られた。第

３村の模型を作るなど〈特撮〉的技法が多用されてもいる。特撮作品で用いられたミニチュアや着ぐるみは典型的な〈中間制作物〉であり、特にゴム製のものは保管が難しいという〔※ https://atac.or.jp/2021/02/5032/〕。

さて、アーカイブはただ収集するのではない。整理し、管理し、公開する。

アーカイブ化はもちろん作品そのものにも進んでいて、今まで見ることが難しかった作品もデジタルアーカイブ化によって公開されている。

エヴァではアニメ作品に限定しても――ＴＶと旧劇と新劇で――同じシーンが幾度も語り直されている。そしてぼくたちは今、そのすべてを手軽に――動画配信サービスによって――視聴することができる。もちろんエヴァ以外の作品も。

このような視聴環境はネットよりも新しく、『：Ｑ』が公開された２０１２年以降のことだ（ネットフリックスの日本でのサービス開始は２０１５年９月）。世界の記録化〈アーカイブ化〉は近年ますます多様化しながら加速している。世界の情報複製である〈デジタルツイン〉も盛んに研究開発され、日々拡張し続けている。

配信サービスのトップページはパーソナライズされているけれど、『シン・エヴァ』公開前後にはおそらく多くのユーザーに二十六年前からのエヴァシリーズがレコメンドされたはずだ。他の媒体でもＣＭ等に触れるから、かなりの人々がＴＶ版や旧劇場版あるいはマンガやスマホゲームなどに接した可能性は高い。

エヴァシリーズが獲得しているその〈接触可能性〉は、複数メディア展開とアーカイブ化というアダプテーション／語り直しの帰結に他ならない。そしてそのアダプテーションは、質／量ともに、他に類例を見ないものだ。

次節で作品内表現における情報過剰から、エヴァの特異なアダプテーションを考察する。

Adaptation 5.
〈過密情報2〉ＳＦ考証／ＳＦの文芸的技法としての汎用人型決戦兵器

エヴァの中心的なキーワードである〈エヴァンゲリオン〉は、作中で〈汎用人型決戦兵器人造人間エヴァンゲリオン〉と設定されている。

この語には人という漢字が三つあり、しかも人《ひと》／人《じん》／人《にん》という三通りの読み方で使われている。エヴァンゲリオンが別種の人類だということは物語の根幹にかかわるテーマであり、非常に緻密に作られていることがわかる。謎もテーマも一語に端的にまとまっている、優れたネーミングだ。

エヴァンゲリオンと並んで重要なキーワードたる〈人類補完計画〉は、コードウェイナー・スミスの小説〈人類補完機構シリーズ〉に由来する。エヴァシリーズの固有名詞は、その一言だけで世界をＳＦ化する——超高密度の——素晴らしいネーミングで、ＳＦ考証をしている身としては非常に勉強になるものだ。

ＳＦ考証は作品の世界観を構築していく。

しかしどんな作品にも予算や〆切があり、ＳＦ考証として提案したアイデアがすべて作品に反映されるわけではない。そんな中、アニメやゲームにおいて比較的容易に反映されるのが、作中事物に対する〈ネーミング〉に他ならない。作中の視覚デバイスをメガネと呼んでもＸＲグラスと呼んでも、映像的なコストにはならないからだ。制約があるとすれば、せいぜい発声しにくいものや他の作品事物に類似しているものは採用されないくらいだろう。それでいて作中の言葉は、声優陣によって充実した声となって、あるいは文字として映像内に映って作品全体に響くため、極めて重要な役割を果たす。

もし〈汎用人型決戦兵器〉でなかったとしたら、もし〈人類補完機構〉でなかったとしたら、エヴァの印象はまったく別のものになっていたに違いない。

これら、エヴァにおけるネーミングには顕著な特徴がある。『シン・エヴァ』来場者特典に列挙されているキーワードを例にしてみよう。〈相補性Ｌ結界浄化無効阻止装置〉のように漢字が多く使われており、〈マイナス宇宙〉のように科学やＳＦあるいは宗教の用語を変形したものがあって、〈ネブカドネザルの鍵〉のように歴史や宗教モチーフも多い。

これらは作品〈外〉にイメージの源泉があるという意味では、マリの選曲に通じるものがあり、つまりは〈説明不足〉なのだ。漢字多用の〈相補性Ｌ結界―〉などはおそらく特撮映画に由来するものだろう。１９５４年の『ゴジラ』における対ゴジラ兵器オキシジェン・デストロイヤーは、〈水中酸素破壊剤〉と設定されているのだ。特撮要素は特に『シン・エヴァ』で多く入れ込まれている。

ＳＦ考証の立場から言えば、こうしたいわゆる〈元ネタ〉の使い方は、必ずしも元ネタを知っていることを必須としない。〈相補性Ｌ結界―〉の相補性とは、量子力学の用語としては比較的有名なものかもしれないけれど、ここで意図されているのは量子力学的世界観を想起させることであり、さらに言うと、その後にエヴァがおこなう〈量子テレポート〉の前フリとしての機能も期待されているように思われる。

量子力学的な要素はＴＶ版以来ずっとエヴァが取り込んできたものだ。エヴァ初号機が取り込まれる〈ディラックの海〉は、理論物理学者ポール・ディラックが理論的に存在を予言した。

エヴァのみならず、アダプテーションによる世界複数化は量子力学における最も有名な用語のひとつ〈多世界解釈〉を思わせる。THRICE UPON A TIME――世界は複数の仕方でアダプテーションされ、増殖していく。

Adaptation 6.
アダプテーションの価値は／エヴァの本質としてのアダプテーション

ハッチオンは言う。

「すべての創作はアダプテーションなのだ」

芸術作品は――およそいかなる定義においても――何らかの素材を作り直したものであり、語り直したものだ。

エヴァはＴＶ版／旧劇場版／新劇場版と三度の版によって三度語り直したことになる。しかし一体何を語り直したのか、そして語り直した価値とは――エヴァというアダプテーションの価値は？

宇多田ヒカルの「One Last Kiss」はモナリザのアダプテーションであるけれど、その結果としてモナリザについての語りはさらに更新され、極めて美しく歌い上げられて、モナリザへの認知はより高まって、「なんてことはなかったわ」というイメージをまといながら、普遍性や芸術的価値をさらに獲得することになった。

エヴァが三度語り直したこととは何か。それはたとえばマリではない。端的にマリは新劇場版にしか出てこないからだ。

語り直し／アダプテーションという観点から改めて『シン・エヴァ』を見ると、『シン・エヴァ』はその構成において、エヴァの根幹の物語とはすなわち、シンジの物語に他ならない。

冒頭シンジは何かひどく落ち込んでいるのだけれど、レイとアスカあるいはミサトによって――いささか乱暴と言ってよい仕方で――励まされ、父親を理解し、世界と自分に向き合っていく。『シン・エヴァ』はＴＶ版を一度目の語り直しとして、四度目の語り直しなのだ（再び英題を見ておこう。“EVA EVANGELION:3.0+1.0 THRICE UPON A TIME”。3.0+1.0は4.0だ）。

ではそのようにして幾度も語られるシンジの物語とは一体何だったのか。それはつまりはエヴァの本質ということになるのだけれど。

実はその答えはすでに述べてきたのだった。ＴＶ版から周到に用意され、旧劇場版と新劇場版というアダプテーションで新たなイメージを重ね合わされてきた〈汎用人型決戦兵器人造人間エヴァンゲリオン〉ならびに〈人類補完計画〉、この二つのＳＦ用語によって象徴される物語、それこそがエヴァが幾度も語り直してきたエヴァシリーズの本質に他ならない。

それは四度目の語り直しである『シン・エヴァ』、その作中で新たに提示された謎にも鮮明に刻印されている。父リョウジ――謎の名付けによってこう表記せざるをえないのだけれど――は、〈種の保存〉を目論み、タンポポの綿毛状のカプセルを残したのだった。あるいは、来場者特典に記載された最後のキーワードはカヲルが終盤に語る〈生命の書〉だった。

そう、エヴァはそのシリーズ全体を通して、種の保存をテーマにしてきたのだ。〈特務機関ネルフ〉の特務とは、使徒の殲滅に他ならない。エヴァはそのシリーズ全体を通して、人類の他の可能性たるエヴァンゲリオンや使徒を殲滅し、シンジという可能性を追求する物語を幾度も幾度も語り直している（シリーズ屈指の人気キャラであるカヲルがずっとシンジのみを守っているのは象徴的なことだ）。

アダプテーションは語り直し続けるその運動によって元の作品もアダプテーション作品も含めながら延命していく、生き延びていく現象だ。

エヴァは種の保存をテーマにすると同時に、アダプテーションという本質的には延命である手法を繰り返す――しかもそのアダプテーションは様々な分野によって補完される――総体としての〈人類補完計画〉なのだ。

Adaptation 7.
さよならのアダプテーション

ＴＶ版第六話「決戦、第3新東京市」は日本全国の電力を結集する〈ヤシマ作戦〉のため、北海道や鹿児島のシーンに混ざって、〈山口県宇部市〉も描写される。カメラは固定で、海から陸地を映し、消防署の司令車らしき赤い車両が海岸線を走っていく。その手前の海には街の一部が水没しており、傾いた電柱が海面から伸びている。

新劇場版においては『：序』で山口県岩国市の日本酒〈獺祭〉の一升瓶と宇部市のラーメン店〈一久〉のカップラーメンが登場し、『：破』では下関市の〈シモラク牛乳〉の三角パックをトウジが持っている。

そして『シン・エヴァ』において、最後にシンジとマリが宇部新川駅にいる。この最終シーンには宇部出身者として率直に言って、驚いてしまった（しかも偶然ではあるけれど、この翌週3月17日には、２０４５年の宇部市を舞台にしたぼくの最新小説『青い砂漠のエチカ』が刊行されるのだ。ヒロインは結構強めの宇部弁で語る）。

しかしこの驚きは今にして思えば、個人的なものでも偶然的なものでもないように思う。周到に準備された、必然的なものだったのではないか。実写や特撮を思わせる表現は旧劇場版でも差し込まれていたし、東京にしろパリにしろ——あるいは地球にしろ——実際にある場所をエヴァはずっと描いてきたのだ。山口県／宇部市も、地元の人間にしかわからないということもなく、ずっと作中で伏線は張られていた。その仕込みのすべてが最後のシーンで結像して、ぼくは驚かされたのだった。

おそらくは新劇場版『：序』の企画段階ですでに、『シン・エヴァ』のラストシーンは――旧劇場版でも実写を取り込んだように、そして『：Q』で特撮短編映画「巨神兵東京に現わる」が同時上映されたように――実写で、しかも宇部市で、ということは想定されていたのではないだろうか。

それでは最後の問いを考えよう。――なぜラストシーンは実写（に近いもの）で、しかもなぜ宇部なのか？　エヴァのメインテーマたる〈種の保存〉と関係があるのか？

まずはあの青年シンジがいたのが何年なのかを考えてみよう。

シンジは新世紀２００１年6月6日生まれ。エヴァのパイロットは十四歳でなければならないから、エヴァ『：破』までの舞台は２０１５年であり、『：Q』冒頭から『シン』ラストシーン直前までは――時系列が十四年飛んで――２０２９年と考えるのが最も素直な理解だろう。

そしてラストシーンに至っては、そこからさらに何年か経っているわけだけれど――それはシンジの外見の成長から明らかで――たとえば六年たてば二十歳という一定の区切りめいたものはある。

しかし二十歳よりも少しだけ物語内整合性のあるのは十四年という数字だろう。エヴァには十四歳しか乗れず、シンジはずっと十四歳で、ヴィレのメンバーも第3村の住民たちもみんな、『：Q』と『シン・』のあいだで――おそらくは苦難に満ちた――十四年間を過ごしてきたのだ。だとすれば２０１５に14を二回足して、『シン・エヴァ』のラストシーンは２０４３年ということになる。

レイ・カーツワイルが予言したいわゆる〈技術的特異点：シンギュラリティ〉は２０４５年。この年、〈人工知能：ＡＩ〉が急成長して、それ以前以後でまったく様相の異なる科学的な発展が生じると考えられている。

思えばエヴァにはほぼＡＩ描写がない。それはＳＦ考証的には、〈エヴァの作中時系列では、人格を持つような汎用型ＡＩは未だ存在せず、作業補助をする機能特化型ＡＩはあっても特に表立っては来ない〉という設定となるだろう。少なくともエヴァがいわゆるシンギュラリティ以前の物語だということは主張できると思われる。

以上から『シン・エヴァ』のラストシーンはいささか強引ではあるけれど、エヴァにおける２０４３年の世界の一部だと推定できる。

——そしてあのシーンには少なくとも〈宇部〉の文字は絶対に必要だった。

なぜならＴＶ版第六話「決戦、第３新東京市」において〈山口県宇部市〉は水没していて、その街が『シン・エヴァ』のシンジたちの戦いによって復活しているという時間変化を表すためには、キーワードとしての〈宇部〉は欠かすことのできないものだからだ（ではそもそもなぜ宇部にしたかは、見る側の想像に委ねられている）。

ラストの宇部の映像にはアニメーションに加えて、かつて宇部にあったはずの／『式日』では撮影されていた建築物もＣＧで描き込まれている。存在しないものを存在するもので表現する。それはアニメーションであり、特撮であり、映画であり、アダプテーションであり、すべての創作の本質だと言える。

そして本論も始まりに戻る。

ぼくたちが——さようであるならばとして——確認した現実とは何だったのか。

それは現実と虚構がそれぞれにアダプテーションされて語り直されながら拡張する、常に作られ続けられていく世界に他ならない。一日一歩／三日で三歩だ。

実写の中をアニメーションで描かれた二人が駆け出していく。それは世界の語り直しに等しい。世界はここから新しく生まれる。

世界が殺した人たち

最果タヒ

シンジのことをよくやっている、って思えてしまうような大人になってしまいました。ミサトさんのことがひたすらに心配で、彼女がやるべきことやらないことを選択し続けたことが悲しい、と思うような、そんな大人になってしまいました。これは全てにおいて正しくて成長であると思うけれど、同時に最悪な気持ちにもなる。シンジにいい加減にしろよ、さっさとやれ、と思えない自分なんて気持ち悪いとさえ思う。ミサトさんに全てを手に入れようとしてほしかった、諦めるな、と、愚かにも思えるような人間でありたかった。現実を見る、とは成長ですか本当に？　人は、何を犠牲にするかを選びながら生きている、ということを認めずにい続けた昔に戻りたいと思った。

エヴァが終わったとき、私はミサトさんのことしか考えていなかったし、彼女の最後の言葉はどうやっても残酷で、それなのに世界は続いていくし、続いていくことがミサトさんの願いだったとわかっている。シンジがその死とともにミサトさんの残したものを受け取るその姿を、ゲンドウが「成長したな」と言ったとき、私は、エヴァは終わったんだと思った。シンジが成長したからでも、ゲンドウがそれを認めたからでもなく、私が「待ってよ」と思ったからだ。物語にとって重要だから、で受け止められない死もある。私はミサトさんに死んでほしくなかった。それこそ、物語が破綻しても世界が救われなくても、死んでほしくなかった。ゲンドウの気持ちがわかる、シンジの気持ちもわかる、とそのときに、はっきりと思ったのだ。

それでも世界を救うって、何。映画の最後、平穏の街並みを見るあいだ、穏やかなその景色はとても虚しくて、でもその虚しさこそが重要だった。

ゲンドウの気持ちがわかる、シンジの気持ちがわかる、と思ったのだ。それは成長した二人ではなく、それまでエヴァで描かれていた彼らの気持ち。それが、わかると思ったのだ。

待ってよ、と、むしろずっと言われ続ける側だった。世界が壊れていく、仲間が死にかける、そのときにすぐに助けにいけないシンジを、自らの後悔のために世界を巻き込むゲンドウを、行け、やめろ、正しくあれ、と焚き付けようとし、その度に待ってよ、待ってくれ、と彼らに言われ続けていた。そういう物語だった。焚き付ける側ではなく焚き付けられる側にこそ、物語の中心に立つ人間としての力と決定権があり、どんなに望んでも前に進んでくれない彼らに苛立ちもしたが、それでよかった。待ってよ、というそれは、生きろだの救えだの立てだの、そんな叫びよりも全然、私たちの底から出てくる叫びだから。そう叫んでくれるから、私はエヴァが好きだったのだ。

ミサトさんがいなくなった時、私が叫ぶ側になっていた。シンジは成長し、ゲンドウは息子を受け入れた。そうして私は置き去りにされた、本当は自分だって、なんにも割り切れていないことを、思い知らされた。終わりは、人生の始まりでもある。私の人生の始まり。割り切れないものが露出しながら、それでも彼らが「割り切った」わけではないことが嫌というほどにわかる。

　正しくなることが大人になることではないと思うし、大人になることが美しいことでもないと思います。私はゲンドウが世界を巻き込んでもユイに会おうとしたことを、そもそも間違いだと言う気にはなりません。その手段があるとして、同じ状況になったとき選ばないで済ませられる人の方がずっと特殊だと思います。シンジが『破』でアスカを救うとも殺すとも決めきれなかったのも、カヲルに止められても槍を抜いたのも、なんでそんなことをしたとは絶対に言えないと思います。世界を背負った途端に、正しさや間違いのなさを当たり前に求められ続ける世界なんてくだらなく、どんな人間も自分がしでかしたことは自分で背負いますし、それ以外のことは関係なくて当然です。世界が滅びかけることより、シンジは、友達を失う、という罰を受け、世界など蚊帳の外のはずなのです。やらかしたことについてけじめをつける、というのは、やらかした分ならすでに失ってはいるので、しなくてもいいことで、でもやらなくてはならないと思うのは、大人だからでもなんでもなく、世界という存在が根っこからグロくてエゴイストだからです。シンジの成長がそれを選ばせたのだみたいな美談に捉える権利は他者の私にはなく、世界という美しくて優しいが故の惨いぐらいのエゴが、彼を飲み込んだのだとしか言えません。一人の命より10億人の命が尊いのです。新しい命が生まれ、ささやかでも優しく温かい生活が繰り返され、幼い子供たちの夢が弾んでいるからこそ、一人の命より10億人の命が尊いのです。そう思わせる世界を私は憎みますが、でもそうなのです。彼は生き残りましたが、ミサトさんは、それで死にました。世界が殺したのであって、ミサトさんがそれを望んだとしても、私は、「世界が殺したのだ」と思い続けます。

エヴァで、シンジが成長しますが、成長を美とはせず、むしろ見る側に、成長などでは処理できない痛みを残すからこそ、美しいのです。

私は昔ずっとアスカが好きだった、やれよ、という苛立ちを私の代わりにシンジにぶつけ、そして自らの足で戦いに向かう彼女が好きだった。正しかったし、健気だった、健気だと、他者に思うことの醜悪さが今になって胸に突き刺さっている。私はアスカに、世界のために死のうとしてかっこいい、なんて思っていたんだろうか。アスカが世界のために戦っているわけではないことを知っていた、最初からわかっていた、やるしかないからやるのだ、という、決めたことに実直な彼女はやっぱりどうやってもかっこよかった。でもそんなふうにかっこよくて、カタルシスを多くの人に与えていた彼女を、最後に救ったのはシンジであり、ケンスケだった。強いなアスカ、かっこいいなアスカ、なんていう第三者の勝手な思いではなかった。彼女を救うのは、世界に殺されにいくことにかっこよさを見出すそんな乱暴な眼差しではなかった。彼女は彼女のために戦うけど、それは彼女が選んだものではなく、選ぶしかなかったものだ。彼女にエヴァがなくても生きていけると教える人がいる。彼女は、子供だったし、それなのに責任をまっとうするかっこよさのようなものを誇示していて、しかもそれを私は喜んでいたのだ。恥ずかしいと思う。

アスカは生き残って、ミサトさんは死んだ。ミサトさんは自分で選んだから、自分の命より本当に大切なもののために、世界を救う選択をしたから、だから死んだ。それを、大人の責任だなんて死んでも言いたくないですね。子供と大人の違いだなんて絶対に言いたくないですね。世界のためではなく我が子のためにその選択をした、と言いながら、でも世界に我が子がどうやっても組み込まれているからじゃないか、と思う。世界という大きくて脆くて、絶対に割ることのできない盆にみんなで乗っているという恐ろしさがある。そこに愛する人が乗ることの恐ろしさを受け入れて、それが大人だなんて言いたくない。仕方がないことなんて何一つない。勝手に自分も家族も仲間も一蓮托生にする、世界はグロくて最低だと思うよ。

　ミサトさんは正しくも間違ってもいない。我が子を愛しただけだ。だから、めちゃくちゃに怒っている。世界なんて、勝手に一人で滅びておけばよかったのに。

　私は、ミサトさんの家族でも友達でもないから、ミサトさんの死が少しも美談に回収されず終わったことに救われています。シンジが、ミサトさんに死んでほしくなかったこと、いやというほどわかるよ。割り切れないことも。だからこそ、あそこで終劇なのだ。何も語られない。サービスはない。エヴァンゲリオン完結、おめでとうございます。さようなら、ミサトさん。

『シン・エヴァンゲリオン』とポストフェミニズム

近藤銀河

この文章を、『シンエヴァ』について連日深夜まで累計20時間以上共に語り合ってくれた友人、岡田未知氏とむぎこ氏の二人に捧ぐ。

Scene 1　序文

『エヴァンゲリヲン新劇場版：破』（庵野秀明、２００９、以下『エヴァ破』）を見た時、私は心底がっかりした。ＴＶアニメ『少女革命ウテナ』（幾原邦彦、１９９７、以下『ウテナ』）のラストを思わせるラストシーン（実際、脚本には『ウテナ』の榎戸洋司氏が名前を連ねていた）に、心底がっかりした。

『ウテナ』のラストは、姫と王子という関係を捨て、女性同士が社会の幻想に傷つきながら手を取り合おうとする場面だった。だが、『エヴァ破』では、王子と姫の勇ましい場面でしかなかった。その前段階の筋書きである、姫役の綾波レイが王子役の碇シンジを守ろうとして果たせずシンジが立ち上がる、という流れも含めて陳腐さに呆れたし、これを勇壮に描く物語に、心底がっかりした。

私はエヴァンゲリオンシリーズ（以下、エヴァ）にはそれなりに囚われていた女だ。エヴァの頭を持つエヴァの腕が描かれたあのニュータイプ100%コレクションのムックも持っていたし、フィギュアも持っていたし、なんならSSと呼ばれる二次創作小説を書いたことさえあったけど、『ヱヴァ破』のラストを見て私の中のエヴァへの熱は一気に消えた。『ウテナ』のラストで鳳《おおとり》暁生《あきお》を見限るアンシーみたいな気分になった。意外と『ヱヴァ破』が好評で温度差にびっくりしたのも、ある意味では幸いだったかもしれない。エヴァへの呪縛はなくなり私はそれを一つの契機にファンコミュニティから立ち去った。だから私の中ではエヴァンゲリオンというコンテンツはもうずっと前に終わっていた。

だけど、なのに。2021年に公開されたエヴァンゲリオンシリーズ全体の完結編である『シン・エヴァンゲリオン劇場版𝄇』（庵野秀明、2021、以下『シンエヴァ』）を観たことで、むしろ呪いは復活し、日々私はこの呪いに苦しめられている。

それは、『シンエヴァ』が見事に終わらせようとしたことの中に、私のことが入っていなかった、という呪い。あるいは、『シンエヴァ』が見せた「進歩」が私のいるところからは「後退」に見えてしまう、ということが生む呪い。

そしてまた、『シンエヴァ』に描かれる事態が非常に生々しく現実的であるということ。本稿ではポストフェミニズムという概念を手がかりに、『シンエヴァ』の持つ／持たなかった事象を分析していく。『シンエヴァ』を呪うために。

Scene 2　ポストフェミニズムとヴィレッジ

1

フェミニズムに関心があれば、ポストフェミニズムという言葉を聞いたことがあるかもしれない。

ポストフェミニズムとは、フェミニズムが課題にしてきたテーマが「終わったこと」とみなされる社会状況の中で生まれた言葉だ。女性が経済の中で必要な労働力として求められ、ネオリベラリズムと強くむすびつく。アンジェラ・マクロビーやロザリンド・ギルといった論客がこの分析では有名で、『現代思想』２０２０年３月臨時増刊号「総特集＝フェミニズムの現在」（青土社、２０２０）でもこのトピックは大きく取り上げられていた。

『ブリジッド・ジョーンズの日記』（シャロン・マグワイア、２００１）はそうしたポストフェミニズム的言説の代表例だろう。仕事と私生活を女性として生き抜き、女であることの苦しさと向き合いながらも女らしさで獲得する異性との婚姻を称賛する。日本では「女子力」という言葉を広めるキッカケにもなった安野モヨコの作品や東村アキコの作品などもこうした例に挙げられるかもしれない。

「女性が輝く社会」とか、「女性活躍推進」とか、そういう政府の言葉もポストフェミニズムの重要な言説の一つだ。女性に対する差別は温存したまま、女性と男性は平等であるという建前と個人の選択と能力を重視することで構造的差別を隠ぺいし、同時にそのことによって女性らしさが経済と国家のリソースとして使われるような状況。

こうしたネオリベラリズムな市場の中では、女性だけでなく、ＬＧＢＴＱと呼ばれる人々の抵抗も無化されることさえある。

けれど、そのような売り文句は女性の差別を無くさない。そこでは地方と都市、資本力、生まれ、人種、セクシュアリティなど、様々な階級差はより一層の断絶となって現れる。個人主義と自由な選択が可能であるという前提の中で、仕事だけでなく恋愛を通した自己実現までもが称揚され、結果として女性たちは、女性らしさを能動的に選択しているという状況に置かれてしまう。そのような状態は新保守主義とも極めて相性が良い。

そうした、フェミニズムが終わったとされつつ男女のバイアスが解かれない状況。それがポストフェミニズムだ。

いささか簡略なまとめだが、より詳細に知りたい方は菊池夏野『日本のポストフェミニズム「女子力」とネオリベラリズム』（大月書店、２０１９）や高橋幸『フェミニズムはもういらない、と彼女は言うけれど　ポストフェミニズムと「女らしさ」の行方』（晃洋書房、２０２０）などといった書籍がある。また、前出の『現代思想』においてもポストフェミニズムは多数の論者によって扱われているのでこちらも参照して欲しい。

2

『シンエヴァ』に登場する主人公側の組織ヴィレの女性たちは葛藤の中に生きている。

彼女たちは男女共同で仕事を進め、周縁化されていない仕事を行い、出産を始めとする女性に負わされた再生産の強要から無縁であり、個人主義によって結びついている。世界を滅ぼそうとする組織との闘争という極限環境下において、子育てと仕事の両立などといった課題はもちろんなにもケアされないが、同時に他者から性的に語られることからも遠ざかった場所で活躍することができている。

しかし、ヴィレの支援の下で復興事業が行われる第３村では、真逆の世界が登場する。『シンエヴァ』では、前作『ヱヴァンゲリヲン新劇場版：Ｑ』（庵野秀明、２０１２、以下『ヱヴァＱ』）から引き続き世界が破滅した後のポストアポカリプス的情景が描かれるが、前半の大部分を災害後の世界で復興を行う第３村の描写に割いている。

第３村では女性が農業のような再生産労働に従事し、知的労働を男性たちが行う。この二つは一部を除いて明確に分離されており、それは村を訪れたアヤナミレイとシンジも変わらない。この村において女性に期待されるのは労働と家事、育児でありそのことは繰り返し強調される。

そしてまた、このことへの懐疑的な視線は一切描かれない。男性たちが医療機器などの機械類を使う一方で女性の農作業が手作業でありそこでは科学技術が描かれなかったことも指摘しておきたい。一方で、ヴィレに所属するエヴァンゲリオンパイロットの式波・アスカ・ラングレーは、そうした科学技術による労働を行なっている人間であるが故に村とは交流せず、また村での労働から解放されている。またヴィレの指揮官たる葛城ミサトも、子供を村周辺の研究施設に残し、自身は仕事にのみ力を向けている。

地方の農村と、都会の会社、二つを思わせる二重の構造の中で、女性たちは繋がらない。片方には明確な差別があり、他方では私生活を捨て労働のみにフルコミットすることが求められる。いずれにせよ、労働力として彼女たちは総力戦に備えるのだが、この二重性の中で女性たちは引き裂かれている。けれど男性たちは村でもヴィレでも一貫した自己を保てているだろう（実際、村の知識階級の男たちはみなヴィレとの付き合いが深いことが描かれている）。

3

ヴィレと第3村の描き分けは表現のレベルにおいても徹底しており、ＣＧで組まれたヴィレの機械的な景色、未来的なコスチュームは第3村ではほとんど見られない。だが、この二つは相補的なものでもある。第3村は『シンエヴァ』という物語を駆動させる原動力となっている。ヴィレが個人の主張や意思の下に集まった集団であることが、中盤の決戦前にヴィレを抜けるクルーの描写によって強調されていた。こうしたヴィレの個人性を担保するのが第3村のような残された世界だ。

『シンエヴァ』は、第3村に見られる人々の暮らし、復興、社会というものをベースにし、最終的な敵である碇ゲンドウの観念的な思想に対抗しようと試みる。しかし、このことは結果的に女性がトップになるような先進的な組織が、その根拠として懐古的な村を必要とするという皮肉な構図を生んでしまった。

　個人主義と能力主義という言葉が前提としてある社会では、むしろ懐古的なナショナリズムが、個々人の差異を共通の目的へまとめ上げ、能力を測るために現れることがある。ヴィレと第3村の関係はまさにこれに当たるだろう。

『シンエヴァ』においてナショナリズムは表現に中にひっそりと表明されている。最終盤での決戦において、背景のエフェクトが金屏風を思わせる映像になる。さらに、過去作へのオマージュでもある巨大化した綾波のイメージはCGで表されるが、その表現は胡粉を用いた人物画にも近いものになっている。エヴァンゲリオンにこのような現代日本画的なヴィジュアルが混入しているのはとても興味深い。

　ヴィレと第3村の関係は、パーソナルな領域においても深い依存性を有する。

　ポストフェミニズムにおいては、個人の恋愛や選択の圧力が性差を駆動させていく。「女子力」や「モテ」などのタームはその典型だ。だが『シンエヴァ』においてはこうした圧力はキャラクターにはかかっていない。かつてのシリーズでは黒幕の一人である碇ゲンドウと恋愛関係にあり、その感情を利用されていた赤城リツコも、『シンエヴァ』ではその軛から解放されていることが終盤で描かれている。彼女がゲンドウを撃ち抜くシーンはエヴァにおいて恋愛関係はもはや人を強く縛らないことを示すもので、『シンエヴァ』の大きな救いの一つだ。

　リツコとヴィレのトップである葛城ミサトの関係は、恋愛関係にあった男性との関わりをなくした女性たちによる友情であり、異性間の圧力がなくなって以降の人間同士の関係でもあると同時に、仕事上の健全な関わりを描くものでもある。この点において『シンエヴァ』は一見すると、ポストフェミニズム的な「恋愛によって再生産される性差」という課題からは一歩抜け出しているようにも見える。

だがここでも第3村との関係が緊張をもたらす。第3村では、性差に基づく「かわいい」という概念は女性コミュニティでも称揚されるものであり、そしてその前提に異性との結婚があることが示唆される。

ミサトが異性との恋愛の結果である子供を第3村付近の施設に預けていたことを考慮すると、ヴィレがそうした圧力から自由であるのは、性差に基づき女性が選択される恋愛が第3村に預けられているからだとも言える。

こうした点で興味深いのは式波アスカの描写だ。ヴィレの一員であり、決戦兵器エヴァンゲリオンのパイロットである式波アスカは村とヴィレを往還していることが言外に匂わされている。他のクルーもそうであるようだが、具体的に村でのヴィレ描写があるのはアスカだけだ。

アスカは相田ケンスケという、村のインフラなど機械を整備している何でも屋でありそれ故に基幹産業である農業に従事せず、村から離れて暮らしている男の家に在住している。興味深く、また好感が持てたのは、この家でアスカは半裸で暮らし、そしてアスカ自身がそのことに意味を持たせず、安心して暮らしている描写でありごくわずかなカットを除いて胸や尻や太ももの強調といった性的な視線を促すカットは挟まれない。

これはアヤナミが着せ替えショーをし、村の女性から「嫁に欲しい」と褒められ「照れ」「恥じらう」のとは対照的だ。アスカはエヴァの呪いに囚われており、生殖能力を持たないし成長しない。性と再生産に関わらない労働者という点では、子供と関わらないことを決めたミサトともかぶる。

しかしいずれにせよ、村では男女の差異と労働空間の分離が明確に行われる一方で、性的な視線や描写は極めて抑えられている。

だが、アスカはヴィレではピッチリしたプラグスーツ（そのセクシャルな見た目への嫌悪は『ヱヴァ破』と『シンエヴァ』の冒頭でも語られている）で、露骨に性的に描かれる。ヴィレのメンバーは男女関係なく多くがこのスーツを着ており、一見すると平等であるように見えるが、スーツは女性の方がセクシャルに描かれていて、ここでは男女の平等と構造化された差別の隠蔽が視覚的に表現されている。ヴィレが代表する都会では、性的であることもまた仕事の一つとして、密かに観客によって消費される。

Scene 3　田舎の宴会に救われる者たち、分断される女たち

1

地方における前フェミニズム的状況と、都会におけるポストフェミニズム的状況。村とヴィレという形で描かれる二つの状況に女性たちが分断される一方で、男性たちはどうなのだろうか？

『シンエヴァ』がテーマとするのは、人間性の回復だ。特に碇シンジは前半においてその中心となる。

前作での出来事を受け精神を病んだシンジと、社会を知らずに育ったクローンであるアヤナミが、第3村を訪れ回復していく描写が『シンエヴァ』の前半の大部分を占めている。シンジは村での土の匂いを強調するが、実際にはシンジは村での農作業には関わっていない。同じくマレビトであるアヤナミと、この点で大きく異なる。外部からの来訪者にも性役割が割り振られていることが確認できる。

同時に、二人の回復が異性愛を前提にした同性同士の結びつきで行われていることにも注目したい。シンジは相田ケンスケからケアを受け、アヤナミは同性の年長者との関わりの中で人間性を得ていく。しかし後述するようにここでは素朴な同性同士の関係があるだけであり、その関係は他の運動や他の階層とは接続せず閉じた形で完結している。

村のマレビトとして、社会から疎外された少年が村の歓待の中で喜びを見出す構図は、すでに『サマーウォーズ』（細田守、２００９）でも見られたものだ。都会で働く男、そして男役を担うアスカのような女にとって、田舎は大地、母といったイメージをもつ休息の場所となる。

　そしてまたすでに述べた通り都会たるヴィレにおける女性の参画と、農村における女性の参画は区分けされ、異なったものになっている。

　村に突き立てられた塔により自然が回復するというあからさまなメタファーによって村もまた女性化されていて、都会であるヴィレをケアしサポートする役割に置かれている。だからこそ、村は古き良き世界でなければならない。

　一度戻り、そしてまた都会へ行くための一時避難所としての農村。村をそのように描こうとするエゴは、農村でのあらゆる運動の痕跡を抹消する。

　自立した女性であるミサトは、旧弊的なジェンダー差別が残る村とは対照的なヴィレで活動させられるが、それは村＝母子の空間に妊娠出産（農業をメタファーにしているとも言える）を預けることで成立している。これは他の男性クルーも同じだろう。村を出なければ出世できず、村を出れば妊娠出産とは切り離されなければならない。女性の連帯はこのようにして阻まれている。

　ヴィレでも村でも同性同士で居住空間を共にし支え合う様子が描かれるが、この陳腐化されたシスターフッドはむしろ残酷だ。ここでの女性同士の関係はシステムによって管理され、生産性のために推奨され、連帯が生まれない。

　公私の振り分けと、農村への理想の押し付けは今に始まったことではないし、こうした描写をリアルと取るか、現状を捉えきれていないと取るかは難しいが、現実での震災以降の復興を思えばいずれにせよ辛いものがある。

東日本大震災において従来の防災計画は関わる人間のほとんどが男性であり、またマイノリティへの配慮がなく、結果として震災下でうまく機能しないことがあった。その反省として、防災における男女の共同参画が震災後に広まることになった。

『シンエヴァ』には東日本大震災と原発事故を明らかに意識した場面が多数登場する。復興と汚染された土地の回復を柱にする村の描写はその最たるものだ。だが第3村では多くのことが防災ではなくヴィレとネルフの決戦を前提に進められている。決戦がなければ緩やかに滅んでいくだろうという極限状態にある村は、総力戦の中で再生産する役割を要求されていく。村における異性愛と出産の称揚はこの状態の中で合理化され、戦いのために疑問を挟まれずに利用される。

こうしたヴィレと村のサポート関係は、最終的には『シンエヴァ』の中ではシンジとゲンドウという主人公父子の対立の解消のために全てのリソースが注ぎ込まれるという形で回収される。

物語のラストにおいてヴィレは葛城ミサトその人となり、母親としてシンジをサポートし自身の父との和解に向けた筋道が作られる。ミサトは世界を破滅に追い込んだ父への思いを語り、父と対等な存在として場に立つが、その散り際においては母としての役割を担う。

そしてゲンドウとシンジの物語の結末では、二人の対話が碇ユイという妻であり母を通すことで互いに向き合ったとされ和解という形に終わる。

ここでも再び、ヴィレと第3村のように男性ジェンダーが女性ジェンダーからサポートを受ける構図が繰り返されているのだ。

こうした『シンエヴァ』における女性ジェンダーと母親の表象の代表的な例として、ヒカリの描写を挙げておきたい。ヒカリは第3村でシンジが出会う人物の一人であり、観客にとってもシンジにとっても旧知のキャラクターである。

しかし第3村でのヒカリは鈴原トウジと結婚し子供を育てる母親としての姿のみが描かれ、彼女は母親としての丁寧な日常に関する事柄以外のことを語らない。無論育児の分担もなされないし、養育の空間と男たちの空間が私生活においても分けられていることがハッキリと示される。そこには『この世界の片隅に』（片渕須直、2016）で描かれたような、戦時下において母親役割を担わされることへの抵抗や戸惑いは全くなく、ヒカリというキャラクターに母親という役割を当てはめただけであり、ヒカリ個人の考えは一切剝奪されてしまっている。

『シンエヴァ』で母親としての生活が描かれるのはそんなヒカリただ一人だ。

2

いわゆる旧劇と呼ばれる、TV版エヴァンゲリオンの完結編である映画『新世紀エヴァンゲリオン劇場版 Air/まごころを、君に』（庵野秀明、1997）の冒頭、シンジが呟く「最低だ」という言葉を多くの人は覚えていると思う。あるいは、戦略自衛隊がネルフの職員を虐殺する場面を。動かないキャラクターに欲情し一方的に自慰を行うことへの強烈な自己嫌悪が前者には込められていた。後者には、庵野秀明の師にあたる宮崎駿が『風立ちぬ』（宮崎駿、2013）で描いてみせたような、戦争を行う道具へフェティシズムを感じることへの自己嫌悪があり、それはつまり自身のオタク性への問いでもあり、そのオタク性の中で涵養された自身の創作への疑問なのだ、と私は解していた。

かつてのエヴァンゲリオンにはこうした自己否定と、それでいながら否定したい自己を捨てられないことへの葛藤に満ちていた。その葛藤の表現は露悪的で、性嫌悪は女性嫌悪にも向いていたが、そこでは表現それ自体への問いがあり、その問いがあるという限りにおいて、女性表象の消費といったテーマを共有することの可能性が残されていた。

しかし、『シンエヴァ』ではこの点は殆ど語られない。キャラからキャラへの極度な性的な視線は消え、アスカとケンスケ、そしてアスカとシンジの間で示されるように、もはや裸体や性は人物の間での通貨ではなくなったことが示される。アスカは裸体に近い服装で何事もなく過ごし、ケンスケはそれに対して性的な目線を向けない。ここでは性的なものが、消費される側のコントロール下に置かれていることが示されている。旧劇における女性嫌悪と入り混じった性嫌悪はここでは無性性となって現れている。

だが一方で、『シンエヴァ』という商品はキャラクターへ観客が性的な視線を投げかけることを否定するものではないし、それを煽るカットも多数挿入されている。

性的なものを中和するために投入されているのが、母と父としての家族の像だ。繋がるためではなく、何かを生産するものとしての性のイメージが『シンエヴァ』では繰り返される。

『シンエヴァ』では最終的に多くの関係が異性愛カップルに収束していく。物語のエピローグでは、真希波・マリ・イラストリアスや渚カヲルといった同性愛を暗示させる描き方をされてきたキャラも、異性愛の中に回収される形で終わってしまう。

男と女が結びつき、幸せになっていく。一人で生きることや同性の結びつきは、文脈の中で曖昧に消えていく。多様性なんて扱えない、他でやってという態度はある意味では最悪に潔い。

だが仮に『シンエヴァ』がなんとなく漫然と同性カップルをラストに入れてみたり、多様なキャラを登場させても根本の問題は変わらないだろう。そのような多様性の描写はヴィレ的なものと第3村的なものの依存と分断をおそらく何も救わない。これまで見てきたような構図は、見せかけの多様性くらいはたやすく吸収するくらいの巧妙さを持っているだろう。

映画のエピローグでは、物語を通して「男性」として成長をしたシンジの姿が描かれる。喉仏が強調され、声優も神木隆之介へと変更された彼は、マリとパートナーのような関係にある。

もちろん、シンジがマリのサポートをする人間である可能性はあるだろう。「理解がある男性」になったのかもしれない。あるいは二人は恋人同士ではなく、シンジもマリも別にパートナーがいて、それは同性であるのかもしれない。そのような想像はできうる。

だが、どのような形であれ、今まで見てきたような『シンエヴァ』における状況は解決せず、また否定もされない。

マリとシンジの会話で二人がマリの乳房の大きさに言及するのは重要なポイントだ。マリが自身を指して言う「胸の大きいいい女」は、恋愛やアピールのために自己決定から生まれる性の強調でもある。またマリはエヴァンゲリオン的な自他の境界をめぐる葛藤を持たず自己肯定と個人的目標によって組織の中で生きている。こうした姿勢は既に述べたポストフェミニズム的な態度と言えるだろう。そのような女性を受け入れる男性という形で成熟が示され物語が終わるのは、現代の資本主義社会における成熟の姿の限界を提示するものでもある。

『シンエヴァ』はエヴァンゲリオンシリーズが持つ観念的な人間同士の関係という呪縛を、社会や人間、そして土地との関わりというリアルによって解きほぐそうとした。しかし、それは同時に、リアルな抑圧や社会の中の諸問題をそのまま肯定し、現状の中で犠牲になるものを生贄にすることで成し遂げられた新しい呪いでもあるように見える。

『シンエヴァ』が描くのは、仕事による自己実現により恋愛と女らしさから切り離されつつも、結婚と出産という外部があることで男を解放しケアしうる女という、新たなポストフェミニズム的現状の認識だ。

そして、そのような状況に適合すること以外の形で大人を表象することを、シンエヴァは放棄している、或いは失敗している。
その失敗は、『シンエヴァ』が呪いを解き祝おうとしたものが、私――障がい者で女性のセクシャルマイノリティのフェミニストという立場――からはあまりにも違いすぎる、『シンエヴァ』が終わらせようとした対象の中に私が含まれない、という呪いとして私個人の中に現れている。シンジやゲンドウのように社会構造から抜け出して自己を開示し呪いから逃れることができない立場を私が持ってしまっている、という根源的な呪いを『シンエヴァ』は私に突きつけたのかもしれない。

大人になれましたか？
その先には我々の社会というより深い地獄が待っている。
さよなら、ようこそ。

宇宙物理学的観点からみた庵野秀明の死の問題とエヴァンゲリオンの継承

藤田祥平

これまで多くの人が死の問題に取り組み、解決を試みてきた。とはいえ、この問題は、科学的なやりかたでは解決できない。

死は不可知である。人は死ぬことができない。ある人が死ぬ瞬間、その死を経験する主体そのものが、死によって奪い去られてしまう。そのために、私たちの生には帰結がない。したがって、私たちの生は不条理である。

私たちはいつか死ぬ。このことを考えるとき、なにか存在の底が抜けてしまったような不安を覚えずにいられない。私たちは、デカルトから継いだ科学的な思考法――五感、あるいはその延長線上にある機器類をもちいて観測できるもののみを真理とするドグマ――に慣れきってしまった。私たちは太陽の力で発電し、大地の血液で鋼鉄の馬を動かす。これはすべて科学のたまものであり、その恩恵は計り知れない。

しかし科学は、死とはなにか、という問いに答えることはできない。科学は形而上学を排斥する。したがって死後を観測することができない。

宗教の時代が終わり、科学の時代に移ってからも、人々はこの問題への回答の不可能性に魅了されてきた。そしてこの問題に挑んだ多くの人が、言い方はさまざまながらも、おなじ結論を導き出してきた。

車谷長吉《くるまたにちょうきつ》は書いている。「私は十八歳の頃から、自分は死ぬために生きているのだ、と思うて来た。それ以外に人生の目的はない。死を恐れないで生きる、とは、どうすればよいか。それだけを考えて生きて来た」（「私の小説論」、『飆風』、講談社、２００５）。

ジョルジュ・バタイユは書いている。「われわれにできるのは、問い――その回答の不在――を、自分の宿命である実存の一部分に数え入れることだけである」（『有罪者：無神学大全』、河出書房新社、２０１７）。

ルートヴィヒ・ウィトゲンシュタインは書いている。「語り得ないものについては、沈黙するほかない」（〝Tractatus Logico-philosophicus〟〈論理哲学論考〉、１９２１、拙訳）。

死は、すべての人の問題である。これにどう取り組むかは、それぞれの人に委ねられている。ある者は医学を志して、延命のうちに何らかの結論を望む。ある者は科学を志して、この正体不明の生をできるだけ過ごしやすいものにしようと望む。芸術家や哲学者は、生命の燃焼そのものを作品に封じ込めて、世界を反復することを企てる。

しかし『エヴァンゲリオン』、ひいては庵野秀明の天才は、この問題そのものに正面から異議を申し立てた。彼の異議の概要はつぎのようなものだった。

死という問題が非常に公共的であるのに対して、ひとりひとりにチャンスは一度きりしかなく、しかも個別に死んでいかなければならないというのは、あまりに理不尽ではないか。

人類補完計画は、人間の個体差を取り払い、すべての魂を総合して、人類種をあらたなステージに引き上げようとする試みである。計画の主導者たちが作中で怪しげな魅力たっぷりに描かれるために、しばしば誤解されるのだが、その動機はまったき善意に貫かれている。

私たちが死を思うときに不安なのは、唯心論的に言えば、あるひとつの世界を滅ぼさなければならないからだ。

死後には、私たちが〈現実〉と呼んでいるこの世界で、見たり聞いたりしたもの、学んだことが、すべて消滅すると思われる。

私たちの個性はおろか、友情、存在、時間、神といった、形而上的観念までもが消滅するだろう。

もっとはっきり言えば、消滅さえもが消滅するだろう。

作中の登場人物たちは、それぞれに人間的な苦しみを抱えている。しかし、その苦しみには、意味がない。その意味のなさは、重ね合わされているように見える。

物語世界内において、彼らの苦しみの解決は、物語の終わりに結びつかない。シンジやアスカが幸せになったところで、使途が攻めてくることに変わりはない。

また、私たちの人生に公共的な意味がないのと同様に、彼らの人生もまた意味がない。

なぜなら、登場人物や作家をふくむ私たちが、いかにこの生をよく生きようとも、時の終わりにはすべてが滅するから。

であるならば、いっそのことすべての生命を統合し、永遠の生命へと進化することで、生と死を乗り越えてみようではないか、と作家/ゼーレは考えた。

これが人類補完計画の動機である。

人類補完計画は、どことなく中世キリスト教に通じるものがある。あの宗教もまた、あるひとつの公共的な教義を広めることで、すべての人類を救済しようとした。その教義とは、第一原因である創造主の存在を肯定することで、世界の状態に善なる意思を裏打ちすることだった。教義はおおむね、つぎのように教えた――すべては神の御心のままに作られ、動いていくのだから、私たちの存在には道理が通っている。善い行いをすれば神の国に入れるのだから、私たちの徳には報奨が設定されている。

確かに、神の存在やキリスト教の教義を信じるならば、私たちの生はずっとわかりやすく、明瞭なものになるだろう。私たちが見たり聞いたりしたものは、神の光のもとに永遠であると信じるとき、そこから得られるのはたぐいまれな安堵であり、これが浄福である。

しかしながら、この宗教の唯一の問題は、科学的思考法に反することだ。神の存在は、われわれの五感や機具で認識することができない。この宗教への信仰は――じつは、どの宗教でもおなじことなのだが――神にむけた盲目な愛を投げかけることから始まる。私たちがキリスト教のドグマにしたがって救済を求めるとき、私たちは神の存在とその栄光を、科学的な前提なしで認めなければならないのだ。

この僅かな綻びが、ふたつの千年紀をかけて修復不可能なまでに広がり、ついにはニーチェが「神は死んだ」と宣言した。そして私たちのもとにやってきたのは、科学の時代だった。それは目に見えるもの、聞こえるもの、五感で認識できるものに世界の理を求める時代であった。

たしかに、科学の力によって、さまざまな問題が解決した。科学的医学の発展により、世界人口は千年前とは比べものにならないほど増大した。人がある場所に居ながらにして見、居ながらにして聞く機械が発明された。飢えや病魔からくる苦しみはつぎつぎに駆逐されていき、物質的な豊かさが地球を覆った。

しかし、その代償として科学は、私たちから神への愛を奪った。科学的な視点では、天国や神といったものの存在を確認できない。したがって、その存在をあてにして生きることは、道理に適っていないように思われてきたのだ。

ここで、古くからの疑問が再燃した。

ところで、私たちが続けているこの生には、なにか目的があるのだろうか。

信仰する宗教を取りかえたところで、この問題は解決しない。そもそものはじめから一切は空であり、すべては滅すると語っている仏教は、たしかにいくぶんもっともらしいように見える。とはいえ、その論旨の正当性を科学的な手段で確認できないのは、キリスト教とおなじである。もしかすると、人が死んだあと、彼はほんとうに天国に行くかもしれないのだ。

したがって、もっとも科学的な信仰のありようは、「パスカルの賭け」を発展させたものになるだろう。

この存在論的カジノにおいて、ディーラーはさまざまな宗教（科学や文学もそこに含まれるだろう）のシンボルが刻印されたルーレットを回す。私たちはたくさんの経験を生きているうちに学ぶことで、自分の魂をできるだけ多くのチップに換えて、それをベットする。このとき賭けられる回数は一回きりであろう。というのも、私たちは魂をひとつしか持たないから。

このゲームにおいてプレイヤーがとりうるもっとも有効な戦略は、テーブルに描かれたすべての宗教への信仰に、等分にベットすることだろう。そしていよいよ生命の輪の回転が遅くなり、鉄のボールがいずれかのポケットに落ちる。私たちの死の瞬間である。

このゲームで勝利したときに得られる報奨がいったい何であるのかは不明だが、とにかく勝利の感覚だけは得られるだろうし、ことによるとその感覚そのものが最高の報奨、生きる喜びなのかもしれない。

しかしながら世の中には、この存在論的ルーレットのホイールやテーブルに描かれている色とりどりのシンボルマークだけでは満足できない困り者たちがいる。芸術家、数学者、科学者、哲学者、夢想家といった連中で、ご存知、庵野秀明もそのうちのひとりだ。彼らは、このルーレットの絵柄の種類が、既存のものであることに満足しない。ほかの人たちには充分たくさんあるように見えるのだが、彼らは奇妙な情熱にかられて、自分で作り上げた新しい絵柄を、その一覧に加えようとする。

この情熱に動かされて完成した旧劇場版をふくむアニメシリーズ『新世紀エヴァンゲリオン』は、じつに洗練された絵柄で私たちを喜ばせた。

私の見るところでは、この作品は、三層のレイヤーに分かれている。一層目がもっとも表面的なもので、キャラクターたちが織りなす群像劇や、正体不明の人類の敵対者と戦うロボットアニメとしての面であり、私たちはみな、まずこの表面のすばらしい絵柄の虜になった。

二層目が、碇ゲンドウの真の目的や人類補完計画をふくむ、物語世界内における対立関係の屈折である。実際のところ、この作品における使途と人類の関係は、わかりやすい悪と善の対比になっていない。いずれも等しく人類補完計画のために必要な道具立てにすぎず、その隠蔽された目的のために作中の人物たちが翻弄される様子には、現実の反映めいた凄味がある。

そして三層目が、作家の生死観である。

しかしながら、生死の問題は、エンタメとの相性がとても悪い。というのも、生死の問題を作品のなかで取り扱うとき、もしも作家が科学的に誠実であれば、死後のことについて、なにひとつ確言できないからだ。しかしエンタメは、勧善懲悪や起承転結といった、わかりやすい物語をよしとする。死んだ後はどうなるかわかりませんと正直に言ったところで、そうは問屋が卸してくれないのだ。

そして一部のおたくたちが単純な萌えのなかに回帰しようとする九十年代の風潮のなかに、旧劇場版の、あの不条理を露わにする結末が置かれたために、作家へのおぞましい殺人予告や製作会社へのテロルなどが起きてきた。

こうした事件を起こした者たちにはしかるべき罰が与えられて当然である。しかしながら、その一方で、精神的に未熟な視聴者が錯乱した理由もわからなくはない。惣流・アスカ・ラングレーや綾波レイといったキャラクターたちが、それ自体、最高に萌えるものであったことは確かだ。筆者にしても、彼らやエヴァの表面的なキャラクター造形、アニメーションがすばらしかったからこそ、作品に引き込まれたのである。そして、はじめのうちは幼少期のトラウマや家庭不和といったテーマがフックとなり、理由のない苦しみ（旧劇場版におけるエヴァ・シリーズとアスカの戦いなど）に発展し、旧劇場版の最後にはあの赤い浜辺があらわれて、死の向こう側について語ることの不可能さが提示された。

それまでに人生の辛苦を呑んでこなかった者たちには、きつい作品だったことも確かだろう。

とはいえ、旧劇場版の終盤部は、人類が死に対抗するための仮説である。この部分を子細に見てみたい。

まず、戦略自衛隊によるNERV侵攻につづく一連のシーンで、人類補完計画が発動する。ATフィールドが消失し、人が個体の形を保てなくなる。すべての人間が統合される。この未分化の意識のなかで碇シンジが懊悩し、ほかのキャラクターと対話したのち、個性を望んで、個体の形を取り戻す（唯心論）。最終部の赤い浜辺のシーン、月のまわりに、環状のアステロイドベルトのような、赤いものが飛んでいるのが見える。これは個性を放棄した人類の、なれの果てだと思われる。つまり、人類全員がシンジと同様に、もとの個性を取り戻すことを望んだわけではなかったのだろう。

シンジは、彼と同様に個体の形を取り戻したアスカの首を絞める。これは彼が、起きたことをよく理解しているからだ。赤い月の環を見るかぎり、かなり多くの人類が個性を放棄した（＝死亡した）らしい。また、地球という惑星そのものにも、大きな影響があったようだ。

そこでシンジは、アスカに正体が戻るまえに、彼女を殺してあげようしたわけだ。というのも、このような世界で生きて行くのは、地獄とかわりないことであろうから。しかし、ここでアスカが手を伸ばしてシンジの頬に触れる。彼女の慈悲を感じることで、シンジは自分が犯した罪、つまり人類補完という大量殺人への自責を感じ、涙する。彼の涙が彼女の頬に落ちる。

そしてアスカが言う、「気持ち悪い」。

これはアスカが人類補完の最中、個性を失っているときに見た、他者の魂のありように対する評言であるだろう。また大量殺人をすべて自分のせいだと思い込み、勝手に泣いているシンジの思い上がり、あるいは怯懦《きようだ》にたいする評言でもあるだろう。

さて、この一連の終盤部でもっとも重要なのは、ラスト・シーン手前の、唐突に挿入される冬月コウゾウと碇ユイの会話である。

幼いシンジを胸に抱いたユイに、冬月が問いかける。「人が、神に似せてエヴァを創る。それが、真の目的かね？」

ユイは答える、「はい。人はこの星でしか生きられません。でも、エヴァは無限に生きていられます。そのなかに宿る、人の心とともに。たとえ五十億年経って、この地球も、月も、太陽すらなくしても、残りますわ。たったひとりでも生きていけたら。とても寂しいけれど、生きていけるなら……」

冬月が言う。「人の生きた証しは、永遠に残るか」

エヴァンゲリオンは人間の想像力である。私たちの〈現実〉から借用したパートが唐突に挿入されることで、作品それ自体が、作家と視聴者の想像力であることが示唆される。また、碇シンジは他者性を想像することによって個性をもういちど獲得する。他者であることは違うことであり、違いは「気持ち悪い」のだが、とはいえそれはシンジが望んだ世界である。

このような状況で彼がどのようにして生きていくのかは不明であるが、それは私たちが置かれている状況と変わりない。とにかく彼は、「生まれてきてどうだったのか、これからも考え続ける」だろう。

しかしここで碇ユイの発言に焦点を絞り、その発言を科学的に考えてみれば、エヴァが無限に生きていられる、という意見が、パスカルの賭けの亜種に過ぎないことがわかる。

というのも、旧劇場版が公開された１９９７年当時の宇宙物理学では、インフォメーション・パラドックスの解決の緒《いとぐち》さえ見つかっていなかったためだ。

現在予測されている私たちの宇宙の死は、つぎのようなものである。まず、ブラックホールが物質のほとんどを飲み込む。そののちに、ホーキング放射によってブラックホールから熱が放出され、ブラックホールが堆積を失って蒸発する。これによってすべての粒子が熱エネルギーに変換される。つづいて黒色矮星が量子トンネル効果によって崩壊し、これも熱エネルギーに変換される。熱力学第二法則に従ってエネルギーが完全に均質化する（エントロピー無限大）。

エントロピー無限大の宇宙には時空間が存在しない。というのも、ある空間が、どの座標においてもまったく同一のパラメーターをもつならば、差異による位置を観測できないため、その空間は存在しないことになるからだ。また、異なるパラメーターをもつ二点の移動によってのみ確認できる時間を測ることもできないため、時間が存在しなくなる。

インフォメーション・パラドックスとは、宇宙物理学ならびに量子力学における難問である。その解決は万物理論への鍵であるとされている。

パラドックスの概要はこうである。

この宇宙に存在する情報の量は、一定不変でなければならない。ここでいう情報とは、この宇宙に存在する電子の組み合わせや、そのパターンのことだ。宇宙は石の数が決まっている碁盤に似ていて、ほとんど天文学的な数の組み合わせが存在しうるが、その組み合わせの数は有限であり、一定である。これは保持されなければならない。そうしなければ、われわれが依拠している世界の仕組みが揺らいでしまう。

しかしながら、ブラックホールとそのホーキング放射は、この前提を覆す。これは存在論的危機である。というのも、ブラックホールはすべての粒子を飲み込み、ホーキング放射によって熱に変換し、放出する。つまり、ブラックホールの長き支配のあとに訪れる宇宙の終わりにおいては、私たちが見たり聞いたりしたこの世界の仕組みは、すべて単純な熱に還元されることになる。そのとき、あらゆる情報が失われる。

したがって、いままでに行われたあらゆる電子のダンスや組み合わせは保存されず、無意味なものとなる。

つまり科学は、神の不在はおろか、この世界そのものさえもが、無意味なものであるかもしれないと示唆したのだった。

現代科学がこのような状況にあるとき、旧劇場版は、なんらかの手段（エヴァンゲリオン）をもちいて情報を未来に投射することで、人の生きた証しを遺すための賭けを行った。

この賭けのオッズは当時、じつに不利だった。というのも、もしもブラックホールがすべての情報をシュレッダーにかけるなら、私たちがなにかを行ったり、世界がこのようにしてあることは、すべて無意味であるからだ。何をしようと、何を行おうと、最後にはすべてが失われ、涅槃寂静の境地があるばかり。それなら、いったいわれわれの人生になんの意味があろうか。

この賭けの性質が絶望的だったために、エヴァンゲリオンを含む九十年代文化には、なんとも言えない終末の気配が漂っていたのではなかろうか。

しかしながら、旧劇場版が封切りとなった１９９７年に、インフォメーション・パラドックスを解決する緒となる論文が発表される。アルゼンチン出身の理論物理学、ファン・マルダセナによって発表された“The Large N Limit of Superconformal Field Theories and Supergravity”である。これは弦理論の枠組みのなかにおいて、三次元の情報が二次元の事象の地平面に保存されうることを説いた。この論のうえに確立されたのが、現在もさかんに研究されている、ホログラフィック原理である。これは、ブラックホールに取り込まれたすべての情報は事象の地平面に保存され、私たちが見ている三次元宇宙の情報を投射している、という理論である。

マルダセナの同論文の引用は２０１４年には１０００件以上を数えた。つまり現行の素粒子物理学においては、宇宙はその熱的死の後にも、そこに含まれていたすべての情報を保存している、という論が支持されているわけだ。

いったいどのような種類の知性が宇宙の死を超えて、過去の宇宙の情報を利用するのかは不明だが、私たちが積み上げてきた科学的／文化的知見が、少なくとも何らかの方法で受け継がれていく、物理学理論上の可能性が出てきたことは確かなのである。

　この可能性を受けてか、新劇場版四部作の結尾をかざった『シン・エヴァンゲリオン』は、旧劇場版とまったくおなじテーマを繰り返しながらも、そこにいくらかの明るさを加えている。第3村における乳児の登場は死の問題の継承であるし、ラスト・シーンのシンジとマリの旅立ちは、この映画を見終えたすべての人が、彼らとおなじように自分の人生を生きはじめることを勧めている。

　もちろん、熱的死の後にも情報が保存されるかどうか、といった議論は、現在生きている私たちの死の問題とは、スケールが合わない。宇宙の終焉まで人類が生きていられる可能性はごく希であるし、生きていたとしてもいったんは、ブラックホールがすべてを回収するだろう。私たちは、個人的に、この人生に意味があったのかどうかを確認することはできないだろう。

　したがって私たちの人生の中心には、この解決できない空虚な問題が付きまとうのであるが、しかし旧劇にも新劇にも通底しているのは、つねに製作を、パスカルの賭けのさいころを投げることを試み続ける、作家の強靭な意志である。その意志の表れが、アニメーション、テーマ、そして物語にしっかりと結びついているからこそ、私たちは得体の知れぬ感興を覚えるのだ。だからこそすべての物語芸術はエンタメなのであり、公共的な合意が欲しければ科学を研究するべきなのである。

　このテーマに更新があったとすれば、表れてくる意志そのものの変化だろう。旧劇で描かれたものが、世界に対して相対していく個人の意志の表れであったのに対し、新劇のラストは、人類種としての意志の表れである。第3村で力強く生きる人々のコミュニティが描かれるとき、それはひとりの個人の問題から逸脱し、集団の意志《ヴィレ》となる。

　この転換は、ＮＨＫＢＳで発表されたドキュメンタリー、「さようなら全てのエヴァンゲリオン〜庵野秀明の１２１４日〜」で見られたような、製作手法それ自体の集団化にも見られる。あるいは新劇場版において、奇跡の船《ヴンダー》にひとり残った葛城ミサトは、碇シンジに新たな槍を届ける。

つまり作家は、彼自身の死の問題を、自分ひとりで解決することを諦めたのだ。庵野秀明は、他者と死の問題を分け合うことで、自らの死に折り合いをつけたのである。

それはひとりの作家としては甘い態度だ。しかし、解決不可能であるとわかっている問題に対して一時的に撤退することを、誰が責められよう。作家が罹患していた宇宙的憂鬱症の治療のためには、なんといっても、静養が必要なのだ。私は批評家であるまえに、ひとりの人間として、彼が生を選択したことを喜ぶ。もしもあれ以上、あの方向に向かって探求を続けていたら、フランツ・カフカと同様に、作家は病魔に倒れていただろう。

庵野秀明が死の問題を解決できなかったことは、残念である。しかし、そもそもこの問題を完全に解決できた作家は、人類史のうちにひとりもいない。私たちは、作家が問題を未解決のまま残したことを責めるのではなく、作家と同様に死の運命を分け持った者として、ともにこの問題の解決に取り組んでいかなければならない。

というのも、私たちひとりひとりが「全てのエヴァンゲリオン」なのであり、私たちの心に作品の情報は残る。庵野秀明の死の問題は、私たちに継承されたのだ。だとすれば私たちは、他ならぬ自分自身であるエヴァンゲリオンにいまこそ騎乗し、作家のあたらしい作品を期待しつつ、それぞれの人生を生きはじめるべきではなかろうか。

ネビュラ・スライス・ギムレット

ふぢのやまい

1

「何の光だ」

米軍の攻撃を受けたゴジラが覚醒し、夜闇をつらぬく放射熱線によって都心のビル群を破壊し、官庁街を一面の炎で焼き尽くす場面。その直前、長谷川博己演じる矢口蘭堂は「東京都港区東京地下鉄赤坂二丁目Ａ２番出口」から、発光し始めたゴジラを見て先ほどのセリフを口から漏らす。

ここにはある予感がある。物語内の登場人物には「光」が何かわからない。『シン・ゴジラ』における最大の虚構「この世界にはゴジラは存在しない」を貫き通す矢口蘭堂たちと違い、かつて毎年のように公開されるゴジラ映画に親しんできた観客でもあるわたしたちは、次の瞬間に何が起こるかほんのすこしだけ具体的な予想ができてしまう。ここで「何の光だ」という言葉は映画最大の盛り上がりが次の瞬間にやって来るだろうという観客へのめくばせ、もしくは宣言として機能していると指摘できるだろう。だがそれだけではない。さらにこの前後を細かく見てみよう。地中貫通型爆弾が命中し叫び声を上げるゴジラのカットに続いて、壱岐事務担当総理秘書官がiPhoneを片手に「目標損傷、出血を確認」と首相官邸屋上へリポートにおいて一同に告げる。直接現場を見ているかのような政治家一同だが、すぐあとのカットで郡山内閣危機管理監による「総理、まもなくヘリが到着します」の言葉を受ける総理が見ている風景は、手前のビル群に阻まれて火事と言ってもおかしくない程度のわずかな明滅である。はっきりと4、5回の明滅が示されるのだから都市部で起こるその光は明らかに火事ではない。もちろん観客である我々はそれが米軍による爆弾の明滅であることを流れから認知している。だが、それ以前にこの光は単なる懐中電灯の点滅のようであまりにもチープだ。「総理、まもなくヘリが到着します」の直後咆哮するゴジラのアップ、そして続くゴジラの背中に輝く赤→紫→白へ発光を強め画面を染め上げる光と、総理が見つめていた点滅する光は明らかに質が違う。このゴジラの背中から発せられる、画面全体が見えなくなるほど真っ白な光を観客はここまでに目にしていなかった。矢口蘭堂の「何の光だ」の言葉を我々は自然に受け入れながらも、うすうすと発射されることを予測させられる「あの」熱線がこのような「白」ではじまることのズレを、まだ観客は結びつけきれていない。

　さらに細かくゴジラの発光を見つめてみよう。はっきりとコントラストが強く黒い背びれの影と内からの赤が示されたかと思うと、きらびやかに内部で光が反射するようなエフェクトで紫色に変化し光がぼやけて拡散する中でグロー効果が強まっている（最後のほんの数秒にはややソフトフォーカス気味になっている）。まるで光源そのものにカメラを向けてしまったように感じるこのまぶしいカットには、熱心な庵野秀明作品の観客であればあるほど既視感を覚えることだろう。それはたとえば『ラブ&ポップ』で少女が求めた指輪の内側からのカットによる画面を白くにじませた光であり、『式日』で岩井俊二と藤谷文子が歩く人影のな宇部のシャッター通りのアーケード商店街に差し込む光であり、『旧劇場版』「Air」冒頭の海面の波キラである（庵野秀明監督による実写版『キューティーハニー』の、東映動画ＴＶアニメ版とも明らかに異なる「ハニーフラッシュ」による過剰な閃光をこの系譜に加えてもいいだろう）。

2

だがやはり庵野秀明監督によるまぶしい画面は『新劇場版』においてこそ、全編を貫き、過激さを増している。『序』のエグゼクティブプロデューサーだった大月俊倫は『序』について以下のように語る。

> 大月　もう壮絶な音と映像と光と影のページェントになってましたよね。（中略）あれはもう三菱未来館みたいなもんじゃないかと。
>
> ――七十年万博のホリー・ミラー・スクリーンですか？
>
> 大月　うん。あのラスト十五分のページェントに関しては、非常に万博的というか三菱未来館的というか、円谷特撮的だったよね。昭和三十年代、四十年代の特撮映画のさ、後半が大パノラマショーみたいになるのに近い感覚がすごくあった。実際、今までの日本映画の中で考えると、前代未聞って言っていい気がする。結局、円谷特撮ですらあそこまでスペクタクルじゃないわけだからね。『地球防衛軍』の一瞬があるくらいで。シネコンに来るアベックにあれ見せたのは、すごいことだと思います。[1]

しかしフィルムの生誕を言祝ぐ大月プロデューサーにおける絶賛と対照的に、同じ『序全記録全集』に収められている撮影監督の福士享による発言は「昔の雰囲気や味が抜け」「越えられない壁が見えてきて、仕事としては難しいと感じている」など悲観的な口調になっている。

――その難しさは、どういう原因からくるものでしょうか。

福士　要するにデジタルでは光が「レンズを通っていない」ということに尽きると思います。デジタルには全部が全部、要素をコントロールできるというメリットがあると思いますが、逆にコントロールでき過ぎて、その何というのか……。

――偶然性がなくなる？

福士　そうなんです。フィルムの時代はたとえコントロールしきって撮ったと思ってはいても、必ずそれだけじゃない部分が入っていたわけです。波ガラスひとつとっても、あんな歪みのすべてを確実にコントロールできるわけがない。デジタルになって、そうした偶然性が失われてしまったんですね。それを人の手で細かく調整して模擬しているわけですが、それにしても模擬すること自体が偶然性を損なう行為ですから、限界があるという気がしています。[2]

あえてここでの言い方に従うなら、デジタルによるフレアやゴーストの光はどれほど複雑化したとしても人の手で描かれたものであり、レンズを通っていない以上かつてのフィルム撮影と比べてしまうと、計算によって成立する簡略化されたプラグイン操作の一つでしかないと言っているように読める。だが同時にこうも語っている。

福士　庵野さんは「パラ、フレアはクセになる。使い始めると、もう抜けきれないね」というような話もしていました。ですから、結果的にはそういう調整を経て、庵野監督ならではの個性が出た画面になっているはずです。

たしかに『序』の光のまぶしさは他に匹敵する映画がないほどに感じる。だがそれが「庵野秀明ならではの個性が出た画面」かと言われるとむずかしい。単に「すごくまぶしい」それだけが「庵野秀明ならではの個性が出た画面」というわけではないだろう。庵野秀明作品のまぶしさはデジタルを導入した『序』以降、作品を重ねるごとに明らかに増している。それはただコントラストが強くなっていっただけのようなものでもない。撮影エフェクトの進歩とも言うべき変遷が確かに存在している。

3

具体的に見ていこう。たとえば『序』の画面を構成していた微妙なディフュージョンとグロー効果（最後の「笑えばいいと思うよ」の際、淡い月の光が綾波の肩にまでじんわりと反射している）は、単なるまぶしさではなく作品全体の画面に柔らかな温かみのようなものを与えていた。『旧劇』の、月明かりの下で目覚め部屋を出る際の綾波のソリッドでシャープな画面の印象と比べるとこれは大きな変化だ。『破』においては、真昼の戦闘で土ぼこりを滲ませたソフトフォーカス効果（特にアスカ隔離後のDパート）が画面に強められる形になっている。ただこれはどうもゼロ年代のアニメに特徴的な処理に思え、コントラストが強いここ2～3年のアニメの画面に親しんでいると『破』が新劇場版シリーズのなかでもやや古臭く感じてしまう要因の一つでもあるように感じる。次作『Q』では撮影技術の集大成が冒頭7分間におよぶ衛星軌道上での戦闘場面に込められている。ここで光の棘が我々の目を刺す。アスカとマリによるＮＥＲＶが封印していた初号機を強奪するＵＳ作戦の最中、突如ＮＥＲＶのロゴが描かれた箱から繋ぎ合わされた展開するレフ板の塊のようなものが現れる。「当該物はコード４Ｂ、フィールド反射幕を展開中」のオペレーターの声が響く中、次々に縦に爆発し、徐々にそれが増えていき、ほぼ完全に真っ白な何も見えない画面を導く。アスカの怯える顔のアップから現れた十字に収縮した光が2号機にダメージを与える。高まる音楽とともに創られる緊迫感ある導入部に観客は否が応でも物語に没入させられていく。この明滅のテンションのピークとも言える2号機がこちら側を振り返る箇所であえて一時停止してみよう。この明滅の要因でもある特徴的な爆発は庵野秀明総監督自らが原画を担当している。ここで、ひとつひとつの十字の閃光のまわりに揺らめく虹のようなスペクトルが見えることだろう。この微妙な光の揺らぎが独特の画面のまぶしさを際立たせ、庵野秀明の画面を成立させていると考えられる。この揺らめく虹の正体にはここでは深く立ち入らず、ふたたび『序』に戻ろう。

『序』においてはその再構成の目標が「明滅」の一点にあったと言いたくなるほど画面が一度暗くなり、そして光で満たされることの反復が作劇の中心となっている。初号機は市街地で蓄光するようになり、青い菱形の使徒は多方向に光を屈折させながら変形し、ポジトロンライフルの閃光は闇夜を切り裂くように発射される……。こうした明滅は戦闘シーンに限らない。ＮＥＲＶにたどり着いたミサトとシンジは何重もの扉を開いていく。車に青空が反射しなめらかに流れていき、ビルの壁にも光が反射する。こうした『旧劇』以前との数々の変更点は鑑賞者に強く光源を意識させるつくりとなっている。さらにもう一つ。ヤシマ作戦直前、シンジと綾波の二人は半透明の薄い幕越しにプラグスーツへ着替えていた。あの有名な「あなたは死なないわ、わたしが守るもの」はこのシークエンスの最後に発せられる。ＴＶ版ではそのセリフで即座にカットが切り変わり、別の劇伴が鳴り出すとともにペンペンのアップへ流れていく。いわゆるこれがＴＶ版のテンポの良さを担保している要因の一つだろう。『序』と見比べてみよう。『序』では幕の向こうに見える綾波の影が二重に描かれ（ＴＶ版では一つ）、影それぞれが複雑な動きで綾波が奥へと消えていくのを丁寧にワンカットで映し出している。そしてシンジの「僕に守る価値なんてないよ」のセリフのカットへと移行する。ＴＶ版ではシンジと綾波の断絶は幕越しに互いが別のレイヤーに属し、別のレイヤーから世界を見ていることのみを示していた。『序』では綾波がいる「奥」そのものが二重の光によって立体的に表現されている。ここから綾波にも内面のようなものがあると読み取れるかもしれない。だが二人は決して混じり合わず、他者同士のままシンジは「僕に守る価値なんてないよ」とつぶやく。すでにこのシークエンスだけで『新劇』が『旧劇』以降の世界であることを巧みに示していると言ってしまうのは早計だろうか。同様の変更点は『序』Ａパートの、ペンペンに驚き風呂を出たシンジの箇所にも読み取れる。「それより前、隠したら」とミサトに言われシンジは恥ずかしそうに隠れていく。ここではＴＶ版で描かれていたシンジの慌てる汗の漫符表現が消え、フレームアウトする動きがよりなめらかになっている。シンジはもはやちょうど真横にずれるようにして動いてはいない。

　これらから『序』とＴＶ版との大きなスタイルの変更が読み取れる。かつての止め絵やバンクシステムを中心としたリミテッド・アニメーションを志向していながら、風呂場でフレームアウトする際のシンジのようにアニメーションははっきりと動き、ワンカットワンアクションにとどまらない漫画映画的な「ほんとうのウソらしさによる運動そのもの[3]」をも同時に志向している。こうしたスタイル間の変化により、たとえばＴＶ版のソリッドな編集の快楽が失われ、別のものになったと感じてしまうのは無理もないだろう。編集のリズムよりも言葉の余韻、アクションの余波といったものが重要視されている。むしろ積極的に「おもしろいアニメ」ではなく「おもしろい映像」、つまりある種の誰も見たことのないような映像のほうへと歩みを進めているように感じる。『破』において特にそれは強調される。落下する第８の使徒との戦闘において、特撮のセットを模した街のモデルを３ＤＣＧで創り上げ、遠近感を強調し[4]ながら回り込むようにしてエヴァンゲリオンが延々走る姿を見せる。だがまだそうした試みは戦闘シーンに限っており、『破』で強調されることになった具体的な品目が伝わる食事シーンもまだTV版、むしろ普通のTVアニメの様式に則っていたように思われる。

4

このような流れの果てに『シン・エヴァ』があることを考えてみる必要があるだろう。監督の一人である鶴巻和哉は『シン・エヴァ』製作作業において、ある種の難しさがあったと語る。

――どの辺が難しかったのでしょうか?

鶴巻　今までの『エヴァ』だと、むしろ避けてきたような画を作らなければならなかったところですね。たとえば、キャラが奥から手前にゆっくり歩いてくる。自然に立ち上がる。座る。さらに田植えをするなど、日常的な動作が今回は増えました。[5]

『シン・エヴァ』における第3村の一連の描写は誰しもが衝撃を受けたことだろう。ここで鶴巻の「今までの『エヴァ』だと、むしろ避けてきた」という発言は重要である。

かつて庵野秀明は富野由悠季との会話の中で以下のように語っていた。

見慣れているから感じないみたいなんですけど。どうも僕にはアニメに出てくる人間が、「セル」にしか見えないんですよ、すごくうすっぺらい。記号的ですよね。「セル」って凄く稚拙な表現手段に見えるんです。[6]

ＴＶ版『エヴァ』開始以前『ふしぎの海のナディア』以降の93年の発言であることを考慮にいれる必要があるだろう。この発言は庵野秀明のアニメから実写へというフィルモグラフィのなかでエヴァを論じる数々の文章で引用されてきた。毎週放映されるＴＶアニメーションという多くの制約がある場で自ら選び取ったその省略と繋ぎによる快楽、そして露悪的なまでにその「うすっぺらさ」自体を画面において露呈させる道のり、それらを作品が痛ましく選択していったことはよく知られている。同種の発言は『エヴァ』以降も繰り返されることになる。

> アニメは全部作りごとの世界ですから。イメージの世界で全部構成されてるんで、その中に現実は何ひとつないんですよ。現実を置き換えたものがそこにあるだけで、それ自体は現実ではないんです。[7]

> 　結局自分は被写体やその空間にないものを、ないものねだりで入れたがるんだと思うんです。アニメをやっているときは、セルで描いた人間にない生っぽさや、絵という虚構世界に現実っぽさを出したがっていましたから。[8]

いずれの発言にも通底しているのはアニメというメディア（＝セルに描かれた動く絵）そのものへの反省意識である。では庵野はこれまで見てきた新劇場版シリーズとＴＶ版『エヴァ』との変更点に見られるようなリミテッド・アニメーションの様式と漫画映画のあいの子でもって、自らのキャラクターたちのかつての「うすっぺらさ」「現実のなさ」を超克したと言えるのだろうか。それほど簡単な話でもないだろう。それにそうした様式の問題のみであれば『序』の時点である程度はそうした達成が成し遂げられていたにもかかわらず、庵野秀明は『シン・エヴァ』のパンフレットで『破』以降の方法論であることをこそ強調している。もう一度そのまぶしさを瞳で受け止めることから始めたい。まぶしさのなかにこそ強烈な視覚的快楽がある。

ここでさらにTV版『エヴァ』からの大きな変更点を指摘する必要があるだろう。それは「虹」である。

5

新劇場版シリーズにおいて使徒が消滅する際、虹が発生することは公開当時から様々なサイトで考察がなされてきた。虹はなんのために存在したのだろうか。『シン・エヴァ』においてもついぞ物語上の説明はなされなかった。あえて設定上の理由ではなく、虹が大胆にも画面の中心に繰り返し置かれていたことがどのような効果を果たしていたのかを今一度考えてみたい。

『序』において虹は使徒殲滅時以外にも出現している。それは綾波の部屋でシンジが全裸の綾波に覆いかぶさった瞬間である。当該箇所の庵野秀明によるコンテを見ると「光るビーカーが天井などにスペクトルを作る（F．I）美しく！」[9]と強く主張する文字で書き殴られている。この箇所はTV版にも存在していたが、わかりやすく虹の出現がビーカーからの反射であることを強調するように輝度自体が強められ、虹が自然に空間内を漂っているかのように立体感が強められた表現になっている[10]。これと同種の表現は『破』でアスカが海上を歩行する第7の使徒を倒した際の虹にも見つけることができるだろう。奥から手前に伸びるようにして生成そのものがはっきりと描かれている虹。庵野秀明は『序』『破』『Q』において虹によって空間の奥行きを作り出しながらも、手前と奥を無効化する大胆なレイアウトで虹を配置し、その生成そのものをアニメーションで描いてきたと言えるのではないだろうか。そうした虹はまさにこれまでみてきたＴＶ版におけるリミテッド・アニメーションの様式から漫画映画への架橋のようなものとして読み取れるかもしれない。

ここでようやく『シン・エヴァ』について考えてみよう。『シン・エヴァ』において虹はさほど目立たない。完結作として虹が強調されるのかと思いきや、黒綾波がＬＣＬへと消滅していく瞬間、そして雨上がりの空にかかる虹のカットを除くと見当たらない[11]。だが『シン・エヴァ』においては別種の虹が存在していると考えよう。

ヒントが二つある。一つは第27回東京国際映画祭特集上映「庵野秀明の世界」における『式日』上映後になされたトークでの庵野秀明による以下の発言である。

> とにかく綺麗な実写を一度やってみたかった。三十五ミリのアナモフィックってつぶれてる方のレンズのシネスコ、アナモレンズじゃないとハレーションが綺麗に横に出ない。とにかくあれを自分の作品に一度でもいいから入れたい。最近エイブラムスが何かっちゅうと横に入れてますよね。こんなとこにハレーションできるかってとこに入れてるあれです。トップの頃から全部入ってますけどね。あれが好きなんですよ[12]。

そしてもう一つが２０１８年にTwitter上で『シン・エヴァ』の撮影にアナモルフィックレンズが導入されることを仄めかすツイートが投稿されていたこと[13]。『シン・エヴァ』のラストシーンの舞台が宇部の町であることは、公開初日のうちにマリとのカップリングという（衝撃の？）事実とともに全国に（スキャンダラスに）共有された。だがまず『シン・エヴァ』が何より宇部を舞台にしたアナモルフィックレンズを使用した作品であるという『式日』との共通項を持っていることは強調しすぎてもしすぎることはないだろう。

ここであの『Q』の冒頭に現れた閃光のまわりに揺らめくスペクトルを思い出そう。強すぎる光の攻撃によるハレーション。だがこれもよく見てみるとデジタル撮影によって彩られたものであることがわかる（やはり6分21秒あたりの2号機のアップがわかりやすい）。『シン・エヴァ』の光はかなり異様である。マイナス宇宙内、ゲンドウが「記憶の世界だ」と言いシンジの初号機と13号機が対峙しぶつかり合う瞬間、今まで見たことのないような光が画面から飛び出してくる。さらにその後、「やってみるよ綾波、ネオンジェネシス」とシンジがエヴァに乗らなくていい世界を構築していくなか、現実のアナモルフィックレンズによる光はさらに何度もまぶしく画面から発せられる。光がぶつかる。光が解体される。虹の中でフィルムが解体されていく。渚カヲルの「イマジナリーではなく、リアリティのなかで立ち直ってたんだね」という言葉はこの状況を映画内人物が極めて的確に表しているセリフだと受け取るならば、イマジナリー（想像）の光ではなく、リアリティの光のなかで回復することであると受け取れるだろう。単に現実の光だけではなく、アニメーションの画面内での衝突・爆発で光の一つずつを分解・解体し七色を作り出す作業であること。それはどこか『DAICON IV OPENING ANIMATION』でバニーガールがサーフボードのように乗っていた剣が、彼女が飛び降りた瞬間に七つに分裂し、虹の七色の飛行機雲を空に描いたことをすら思い出させる。

庵野秀明は特撮映像を「仮想空間に情報で描かれた立体物ではなく、実在する立体物を空気と光学レンズを介して描かれた映像世界」と称していた[14]。ラストカットで表されていた宇部の町にキャラクターが蠢きあい同居しているあの奇妙なドローンからの視点は、それを反転させたカットであったと言えるかもしれない。ほんとうの光が二次元のキャラクターと戯れるようにしてきらめく。単なる模傚の光ではないほんとうの光、それは庵野秀明自身が作品に求める強烈な外部性への欲求とも重なる。あえて言ってしまうならここにこそ「相補性」がある。もはや現実対虚構の二項対立は存在せず、現実に帰れという単純なメッセージを読み取ることはできないだろう。しかしこんな作品の後に庵野秀明はどのようなアニメーションを作っていくのだろう。

註

1 『ヱヴァンゲリヲン新劇場版：序 全記録全集』カラー、2008年、426―427頁。

2 前掲書、405―407頁。

3 高畑勲「60年代頃の東映動画が日本のアニメーションにもたらしたもの」、大塚康生『作画汗まみれ 改訂最新版』所収、文藝春秋、2013年、354頁。

4 『シン・エヴァ』パンフレットの冒頭に掲げられた庵野秀明の「我々は三度、何を作ろうとしていたのか?.」と題された文章に「加えてヱヴァ：破の頃から試みていた特撮映像の手法と感覚を取り入れたアニメ映像の面白さ。ヱヴァ：破の頃から願っていた実写映像の方法論と技術論を取り入れたアニメ映像の面白さ」の一文があるのは見逃せない。

5 『シン・エヴァンゲリオン劇場版』パンフレット、カラー、2021年、71頁。

6 庵野秀明責任編集『機動戦士ガンダム 逆襲のシャア友の会』ガイナックス、1993年、95頁。

7 「大島渚 庵野秀明 国家と風景の現在」、『ユリイカ』2000年1月号、青土社、2000年、68頁。

8 「ハリウッドと闘う映画監督・庵野秀明」、『文藝別冊 庵野秀明』、河出書房新社、2004年、36頁。

9 「加藤様江何とぞよろしく」とおそらく『序』の美術監督である加藤浩への指示も併記されている。

10 どうしてこの場面で虹が発生するのだろうか。ここで明確な答えを導き出すことはできないが、綾波レイの名前がこれまで由来とされてきた大日本帝国海軍吹雪型駆逐艦「綾波」からというより、そもそも名前からして「綾」／「波」／「Ray（光線）」といずれも虹を暗喩していることにこそ注目すべきである。『シン・エヴァ』で綾波レイは別の名前を与えられず虹へ変換され、「シ者オワリ」の言葉遊びであった渚カヲルの名前は「渚とは海と陸のはざま、第1の使徒であり、第13の使徒となる人類のはざまをつむぐ、あなたらしい名前だ」と加持リョウジに説明される。

11 ソフト版発売以降、画面にこれ以外の虹を発見することが可能になるかもしれない。だが本稿ではあくまでも画面を占有する大胆なレイアウトで描かれる虹からレンズフレア・ゴースト表現へという流れを強調したい。

12 第27回東京国際映画祭特集上映「庵野秀明の世界」トークイベントより。この映像は２０１６年にバップより発売された『庵野秀明 実写映画作品集 １９９８―２００４』に特典として収められている。

13 (株) カラー2号機（@khara_inc2）のツイッターによる２０１８年8月22日の投稿（https://twitter.com/khara_inc2/status/1032140300918042624）。以下の文面が画像つきで投稿された。「シン・アニメ撮影 シン兵器「アナモルフィックレンズ」!!! スタッフが知り合いの方から借りてきたそう。とんでもない兵器が投入されたぜ…」

14 庵野秀明「ようこそ空想特撮映像の素晴らしき世界へ」、『館長庵野秀明 特撮博物館 ミニチュアで見る昭和平成の技』、日本テレビ放送網株式会社、２０１２年、４頁。

アニメーション・エヴァンゲリオン
——動くもののポエジー

難波優輝

序

いまからわたしは、アニメーションとしての『シン・エヴァンゲリオン』について語る。

あまりに当たり前のことだろうか。『シン』はアニメなのだから。しかし、庵野秀明によるエヴァンゲリオンシリーズのテーマ性や作家性を評論家が、社会性を社会学者が、張り巡らされた謎をファンたちが、キャラクタの魅力やパロディの元ネタをオタクたちが語るのだが、意外にもアニメーションとしてのエヴァンゲリオンはそれほど語られない。

以下この小文では、みんなが語ってくれる右のような話について、あなたが思うような仕方では語られないと思う。これからわたしが語りたいのは、何かが動き、鳴り響くことで表現されるもの。劇場に2時間34分座った全員が間違いなく観ているはずのあの魅惑的な静止と運動たちのことであり、シンジやレイやアスカやマリの身体の緊張が、エヴァや生き物たちの跳躍が、すべてを作る線と色たちの蠢きが、そして駆け巡るカメラと響く音楽たちが何を生み出しているのか、それら全体が映し出されたスクリーンにわたしたちが何を観て聴くのかに尽きる。

Ⅰ　快癒のパースペクティブ

赤く寒々しいパリ、マリに運ばれてヴィレの人間たちがカプセルから降り立つ。あまりにちっぽけな人間が俯瞰でスクリーンに配置される。

パリ奪還作戦を開始する。察知した使徒たちが現れる。新劇場版『破』でシンジの決意とレイの笑顔へ引き金を引いたポジトロンライフルを流用した巨大な使徒兵器が圧倒的な火力で戦艦を溶かす。ＴＶ版第拾九話「男の戦い」あるいは『破』で、仁王立ちのミサトの背中越しのカット、真正面に現れた巨大な使徒ゼルエルが光線を放つ瞬間碇シンジが現れるように、仁王立ちするリツコの真後ろの背中からのカメラ、目と鼻の先まで船が押されてやってくる。間一髪横薙ぎに救うのは真希波・マリ・イラストリアスとその操演者長良スミレである。

シーンを繰り返しても意味は変わっていく。『破』におけるゼルエル戦に至る物語は、碇シンジが初号機ゲージにたどり着き初号機＝碇ユイと父親を速度のあるカメラの運動とともにずっと見上げ「男」になろうとする戦いであり、あるいは碇ゲンドウが何度も初号機＝碇ユイをダミープラグで動かそうとして失敗する「男」の名折れの戦いであり、あるいはＴＶ版では加持リョウジがスイカ畑に水撒きする「男」の育ての戦いなら、これは女の戦いなのだ。巨大な使徒に対する戦い、そして、一人の女に会うために何度世界を滅ぼしても構わない、極小の人間関係を極大のセカイと天秤にかけて前者を優先しようとするセカイ系男子碇ゲンドウと冬月コウゾウのバディによる事物への狂ったサイズ感に対抗しようとするミサト、リツコ、マリ、ヴィレメンバーたちによる世界のパースペクティブ——遠近法の戦いなのだ。

男たちはつねにカメラを見下ろす。特務機関ＮＥＲＶのときから、司令塔から指示を飛ばすゲンドウと冬月が直接他のＮＥＲＶのメンバーと同じ目線に立つことはない。とくにシンジに寄り添うカメラは『序』あるいは第壱話のゲンドウとの初号機ゲージでの再会から一貫していつも男たちを見上げ、視線の権力に屈服している。ゆえに通常の水平面のキャラクタのポジションにカメラが位置につくと、緊張感を帯び始める。ふつうなものが例外になり際立たせられる。

『破』、ゲンドウの指示によりダミーシステムに操縦桿を奪われ、シンジは為す術なくアスカを回復不能なまでに傷つけてしまう。戦闘後、それに対する反抗の後、手錠を嵌められたシンジは空虚な司令室でゲンドウと初めて水平面で向き合う。カメラは真横で視線の交錯の可能性を強調する。

「自分の願望はあらゆる犠牲を払い、自分の力で実現させるものだ。他人から与えられるものではない。シンジ、大人になれ」

「僕には、何が大人か分かりません」

一度目「大人」をめぐる話はこれで終わる。対面の対話は断念されるものの、ゲンドウ／冬月をはじめとする男たちによるコミュニケーションは案外に断絶してはいない。パースペクティブ―視点をめぐって男同士はコミュニケートする。しかし、いつも回りくどいのだ。

敵対的ではない渚カヲルは『Ｑ』にてシンジとピアノ連弾を介してコミュニケートする。同じ椅子に座った二人を斜めや横からのカットが親密に切り取る。『Ｑ』で冬月は司令塔から下りてシンジを将棋に誘い、盤上での戦いを通して初めて冬月のパーソナルな話と碇ユイの事実が明かされる。同じく水平のカメラは二人を並列に収めるものの、衝撃の事実に茫然自失のシンジをカメラは冷ややかに見下ろす。『シン』でも、世界をめぐる戦いを将棋か何かと勘違いしているナルシシズムに思いがけず浸っている冬月はリツコやミサトと戦いを通じてコミュニケートしていると思っていそうだ。それはシンジに対するアプローチと変わらず、微笑ましくも押し付けがましい。

　コミュニケーションの断絶が著しいゲンドウとシンジたちがようやく並び立つのは『シン』の後半、ヴンダー上になるが、サングラスを取ったゲンドウには、人間的な眼球がなく、「目線」は無効化されてしまう。本当の意味で二人が向き合うのはマイナス宇宙でのことだ。それでもまず二人は直接殴り合うこともできず、エヴァの機体を介する。

　ゲンドウとシンジの戦いはヒーローショーの人間サイズのウルトラマンへの戸惑いに似た思いをわたしたちに抱かせる。見てそれと分かる３Ｄモデル。スタジオの背景シート、投げ飛ばされた初号機にぶつかり飛び散るダンボール。そこからＴＶ版の背景美術で描かれるミサト宅やジオフロント、教室、加持のスイカ畑を跨いでいく。横の構図で二人／二体のエヴァを収めて繰り返し、二人が静かなかたちで摩擦を生み続けた場所でＡＴフィールドがぶつかるあの音が歌舞伎の拍子木のように繰り返される。ミクロな関係がマクロな空間で繰り返される。しかし、そのマクロな空間は特撮の見せかけだ。大きさがずれている。本当は人間サイズの戦いが世界のサイズで再現されていることの暴露。つまり、空間的サイズは反転して、セカイをめぐる争いと親子喧嘩のサイズのアンバランスさにユーモアが生まれる。親子関係のいざこざとは傍から見れば恥ずかしいものだ。特に父親と息子のそれは。カメラは二人の親子喧嘩を記録する水平的特撮であることを隠さない完全に傍からの目線であり続ける。いや、それは親と息子が幼い頃に怪獣ごっこをできなかったことの最後の回復なのかもしれない、ホームビデオなのかもしれない——男たちはフィクションやごっこ遊びやゲームやセッションや戦いを通じてしかコミュニケートができないのだろうか——。

　暴力的な親子喧嘩はいつしか終わり、シンジに促されてゲンドウは自己を振り返り始める。新劇場版において大人たちの記憶はつねにクレヨンや鉛筆で描かれ、その一本一本が苛立ちや焦りを示して、あたかも語り手自身による性急なスケッチのように現れる。エヴァンゲリオンシリーズでもっとも詳細で率直なゲンドウの個人的な苦しみの表現を、シンジと共にわたしたちは見届ける。これは字義通りの意味で、この裏宇宙で、間違いなくシンジはわたしたちと同じこの迷い、疾走する鉛筆の線を追っているはずだ。

　同時に、ゲンドウはピアノを弾いている。過去の記憶の中だけではない。いままさに鳴っているこのピアノを。「born evil」、苦悩に身悶えるように跳躍する、パーカッシブなピアノ曲が流れる中、旧劇場版で「夢のスキマ」という美しく痛みに満ちたピアノ曲を伴って、ゲンドウがシンジへの贖罪を呟いたように、弱さと苦しみは描かれ・奏でられることで共有されるものになる。ゲンドウのパースペクティブ—世界観は表現されたものによってようやくシンジにも共有される。暴力ではなく動く絵と音楽表現——つまりアニメーションそのもの——がコミュニケーションを前に進め始める。

　それまでピアノの連弾、将棋の指し合い、エヴァでの戦闘を介してコミュニケーションしてきた男たちは、一緒に何か作業することによるコミュニケーションだけではなく、自分の心の内と弱さを曝け出すようなコミュニケーションに向かおうとする。こうした自己を脆弱なものにするコミュニケーションの役割が女たちだけに担わされていたとしたら、それを別の仕方で担おうとすること。これが男たちのほんとうの戦いだった。

　ゲンドウの魂の補完は物語的に言えば都合がよすぎる。シンジの中に字義通りにユイを見出すというのはあまりに直接的な愛の告白だ。だが、ゲンドウが言葉というよりも絵と音楽を使ってシンジに向き合ったところに、世界とつながる希望がかすかに現れていて、それはアニメーターによる隠された祈りかもしれない。

II　ユートピアのアングル

44分ほどのAパートは本編でもっとも長い時間を占める。[1]ニアサードインパクトを生き延びた人々が住まう「第3村」を舞台に、日本家屋の建築とフィクショナルな昭和ユートピアの中で産む・育てる・殖える・生きる・学ぶ——一貫した成長のテーマが繰り返される。第3村の描写では『言の葉の庭』（2013年）『秒速5センチメートル』（2007年）の新海誠のような陶酔的な都市空間の生活美の「美しき異化」が起こると思いきや、人間たちの、そして猫たち、おたまじゃくし、草木をはじめとする生き物の芝居にカメラの焦点は当てられる。寒く暗がりを含んだ日本家屋と少年たちが夢見るような相田ケンスケの秘密基地は、あまり住み心地はよくなさそうだ。どちらの住まいにせよ、人の気配が濃密に感じられるわけではなく、いまにももぬけの殻になりそうな仮設的不穏さが漂っている点は『Q』の掘っ建て綾波ハウスと同様だ。天井からの電気照明はなく、ランプの明かりに限定されるアヤナミレイが寝泊まりする部屋が繰り返し映されるのだが、四隅に暗がりをたっぷりと含んだカメラのおかげで、そこに漂うのは親密さというより、家を失くした小さな子どものような寂しさである。

一升瓶片手に昔気質なヒカリの父親の説教から『サマーウォーズ』（2009年）のような細田守的なヒューマニスティックな伝統的イエ・ユートピアが開始するかと思いきや、これらカメラは真正面、アイラインから住宅内の人間を撮ることはなく、『ラブ&ポップ』（1998年）におけるような窃視症的なカメラアングルが多用され、存在しない時代への昭和ノスタルジーに一体化することは避けられている。バイオハザードシリーズの不気味な定点カメラのように天井近くに設置されたり、黒電話を画面の半分に収めてトウジたちを映したり、シンジの体育座りの三角の隙間といった不思議な位置から、レイや子どもを映したり、部屋をつねに矩形や不安定な三角に切り取っており、そわそわしたカメラはわたしたちに住まう安心感を与えてはくれない。

一転、戸外に出ると不穏な汚染された赤いオブジェクトを撮影しながらも、世界に改めて出会い始めるアヤナミレイのまなざしの温度と同一化して、ミクロな草木のざわめきや波紋の美しさにカメラはあたたかく驚嘆する。落ち着いて、人々の眼を見つめ、事物をひとつずつまなざしていく。妊婦、妊娠した猫、赤子。アヤナミレイの明示的なまなざしのみならず、彼女が見つめただろう風景がミクロとマクロで流れていく。田んぼのおたまじゃくし、風になびく名もない草花。木漏れ日の中、木の間に開けた空。トトロのいないメイとサツキのように、自然は取り戻されていく。閉じられた建築物に設置されたねじくれたパースペクティブと、開かれた世界と人間に対する率直な目線が対をなして、リズムを作っている――とはいえ、第3村もまた、アクアリウムのように閉鎖されたユートピアあるいはアヤナミレイのための箱庭なのだ。それはＮＥＲＶのあまりに殺風景な空間とは真逆であるが、いつかはそこから出なければならない、夢の場所でしかない。

Ⅲ　時間のエモーション

エヴァ機体を動かすのは手に握った操縦桿であり、パイロットたちの手は運命を変えてきた／変えられないできた。『序』の第6の使徒ラミエルによって高熱のエントリープラグを開けるシンジの手、『破』の衛星軌道上から落下する第8の使徒を支える初号機の両手、ダミーシステムによって支配されロックされたシンジの手、弐号機の首を絞める人の意志のない手、『Q』でカヲルとともに鍵盤を駆け巡った両手。その集大成のように『シン』では執拗に手の力が描かれる。

田植えをするアヤナミレイの手、そのシーンでは彼女の手に覆いかぶさるように運命の手が歌われる。始まりの希望に満ちたラブソング「yearning for your love」の後、第3村で農作業を行い、生き物を育て、人々とともに安らぎ、生きていく日々の連続するカットに並走して、アヤナミレイの終わりを予感させる「hand of fate」と名付けられた鷺巣詩郎による歌が流れる。

Such is the hand of fate
Have i ever been here before is it better that i don't know
Have i anything left but fate
Can i trust in my destiny
Is it out of my hands to see
Must i live by the hand of fate
[……]
Who holds up the aces in the hand of fate?

これが運命なの？
ここへ前に来たことがあったの？　知らないほうがいいの？
運命の他にわたしに残されているのは何？
わたしは運命を信じてもいいの？
それを知ることはわたしの手に負えないの？
運命の手に従って生きるしかないの？
[……]

「hand of fate」は、旧劇場版『The End of Evangelion』の主題歌「THANATOS -IF I CAN'T BE YOURS-」の元曲のＴＶ版から鳴っていた劇伴「THANATOS」のアレンジ版「身代わりの侵入」後半をアレンジしたものだ（後半で転調するが開始は原曲と同じ調）。

旧劇場版においてこの曲はミサトがシンジに彼女の父の形見のネックレスを握らせ、「大人のキス」を一方的にシンジに与えるシーンで響く、希望を感じさせながら、影を帯びた響き。元曲のタイトル通りの、タナトス——死への欲動——。『シン』で「hand of fate」となり、元曲の後半に鳴り響く歌詞のない部分は言葉を与えられ、生への欲動に向かう。この曲も「THANATOS」と同じく、旋律は上昇を阻まれ下降を繰り返す。「Such is the hand of fate」「これが運命なの？」と運命を捕まえようとするメロディは上昇しかける。だが、繰り返す運命への問いかけは徐々に自分自身に向かい、低く降りていく。そしてもう一度繰り返す。「Such is the hand of fate」。

他でもなく、止め絵の連続の中でこの音楽は流れ続けている。それはＴＶ版二十四話で、ベートーヴェンの第九番交響曲が鳴り響くなか、第13の使徒であると判明したカヲルによるサードインパクトを防ぐため、彼を握り殺すことを逡巡するシンジの時間のために用意された手法だった。微動だにしないエヴァ初号機の中にいるシンジの葛藤をわたしたちは想像することしかできず、無限にも思える止め絵の後、彼は哀しい決断を下す。

それはいまや命を生み出すアナヤミレイと第3村の人々の生活を描く力へと転化する。共通するのは、その中でキャラクタたちの声を聴くことはできず、何を考えているのかの詳細にアクセスできないこと。

アヤナミレイはＮＥＲＶによるメンテナンスを受けなければ消滅してしまう。その終わりをはっきりと知っているアヤナミレイは生活を続けるのだが、その決断が劇的に描かれることはない。彼女の逡巡に触れることはできない。彼女が寝る前、薄明るいガスランプの光に照らされ何を思うのかは分からない。彼女は何も考えていないのかもしれない。彼女はその年頃の姿に見合わず、幼く未経験な子どもであり、『となりのトトロ』のメイであり、崖の上のポニョである。彼女らには充溢した意志はあってもためらいはない。世界から眼を伏せたり逸らしたりしない。アヤナミレイに寄り添うカメラは世界を最後まで斜めに切り取らない。彼女には世界を斜に構えて見るような思春期が訪れることはない。この第3村の子どもたちがトウジの語るように「甘たれたガキ」ではいられずに、いきなり大人になるしかないように。

このシーンでわたしたちはどうしても何かを催してしまう。わたしたちの記憶はおそらく止め絵に似ていて、走馬灯のように何かを催させる。「hand of fate」のリズムにポリリズム的に絡み合うカット、わたしたちはこの流れ去るシークエンスにて、第3村の住人になったかのように、アヤナミレイの生きているまなざしへと身を移し、音楽の流れに身を委ねる。

動かないカットで描かれる幸福に満ちた日々の生活の最後に、ＮＥＲＶ旧施設跡で座り込むシンジの心が癒されるのをただ待つアヤナミレイが映される。ここで絵は動く。二人に太陽が昇り、やがて夕焼けに没していくタイムラプス。現実的でありながらもっとも幻想的に時間が過ぎ去る。幾たびも繰り返す毎日と、その毎日の一日を凝縮したシーンでわたしたちは時の掛け算をする。わたしたちはたしかに朝が来て、たそがれ、灯りのない暗い夜の帳、明日に向けて眠る日々を、アヤナミレイとシンジの日々を一瞬にして過ごしてしまった。

音楽は時間を圧縮する。過ぎ去る何日もの日々を4分ほどの音楽が繋ぎ止め、止め絵の配列に時間的な連続性を与える。アヤナミレイにはあまりに短い日々であり、世界に伸ばそうとする彼女の手は、運命と時間の見えない手によっていともたやすく遮られる。それはＡパートを観てきたわたしたちの時間にして40分ほど。

映画の半ば、開始50分頃に還っていくレイはシンジに最後の別れを告げる。そのとき、二人の立つ途切れた橋の下から、斜めに見上げるようにして、引きのカメラが覗く。と今度は対称の逆側からもう一度。奇妙にリズミカルで客観的なショットは別れの場面には似つかわしくない。ここではまなざしの対位法が機能しており、キャラクタたちの情動的な交流が高まったときにこそキャラクタたちのリアクションにアクセスできなくなる。この直後のアヤナミレイの「もっと好きな人と一緒にいたかった」という台詞へのシンジの反応の見えなさ、それは先程のＴＶ版でカヲルを殺すシンジの見えない横顔と同じだ。

映画的なリズムの法則にキャラクタたちは呑まれていく。三度アヤナミレイは「したかったこと」を告白しながら後ろへ下がるたびに、カメラは繰り返し同じ動きを撮る。キャラクタたちの情動に寄り添うのではなく、むしろ技巧的で違和感をもたらすカメラワークは、不思議と彼らの情動へとわたしたちを惹きつける。『破』で「今日の日はさようなら」という音楽と夕陽に真っ赤に照らされてアスカを食い荒らそうとする初号機のグロテスクな対位法が作り出す音楽と画面のずれがそうであるように、ずれているものこそが一致しているものを際立たせる。今回もアヤナミレイとシンジの別れの無情さ、愛しさを知り始めた途端にそれを取り上げられる彼女と彼の幸福の短さを強調するようにカメラは最後に冷ややかなものに変わる。

連続するカット、動く絵、動かない絵、キャラクタたちの関係を横断するような自律的なアングル。映画を支配するのはこの世界と同様、あたたかいと思えば冷酷な時間とリズムであり、その大きな手に触れてキャラクタたちは運命に翻弄されていく。

Ⅳ　贈り物と握手

アヤナミレイのあたたかなまなざしの力の及ばないアスカとシンジのあいだにカメラが忍び寄るとき、孤独なキャラクタたちは冷たいカメラアイの前に身を曝け出す。

無理矢理にレーションをアスカがシンジに手づから食べさせるシーン、モキュメンタリ的カメラはシンジに追随する極端にリアリズム志向の冷ややかなものになる。アスカからシンジの目線に一度沈み込み、浮き上がり、再び沈み込む。ほとんどダンスのように。無機質なセックスのように。それは旧劇場版でアスカにのしかかり、その首を絞めようとしかできなかった少年への、そして『破』で手料理を振る舞うことのなかった彼女からのシンジへの生の押しつけがましい贈り物なのだ。カメラに温度はない。ここにわたしたちは立ち入れない。現場記録のカメラは二人の動きは捉えるだけだ。

アヤナミレイはひたすらにプレゼントを受け取る。作物を水洗いしている隣に座ったませた子どもがくれたじゃがいもであり、電車車両の小さな図書館で彼女が落としたじゃがいもを拾った幼い子どもが見せてくれる絵本であり、ヒカリが教える「おはよう」「ありがとう」「おやすみ」「さよなら」であり、班の女性たちから贈られ、誰かがそっとリボンを結んでくれた第3新東京市立第壱中学校の制服であり、シンジから貰う「やっぱり綾波は綾波だよ」という名付けである。名付けてもらった「綾波」は最後にお返しにシンジに好きという気持ちを贈る。手を伸ばし握手をしようとする。

「綾波」の愛が印象深いのは、それが彼女だけのものではなく、ゼーレあるいはNERVによって仕組まれた式波シリーズ・綾波シリーズがシンジに向ける人工的な好意であるからではなく――それはおそらく、あまりに不器用な父親からのシンジへの哀しいプレゼントであるだけではなく――彼女へと注がれた第3村の人々の無数のまなざしのシーンたちをわたしたちがしっかりと思い出せるからなのだ。その愛は、身勝手な大人たちの造り物である以上に、彼女に贈られた無名の人々からの真正な愛である。

その愛の受け皿にはなれずLCLに還った「綾波」が残した唯一物理的なもの、S‐DATは、最後になって持ち主の元へと返される。ゲンドウは終盤Dパート、シンジからS‐DATを受け取る。物語の前にゲンドウからシンジへ、一度はゴミ箱に入れられシンジから綾波へ、『破』の最後、綾波からシンジへ、『Q』の最初ミサトたちからシンジへ、『シン』の中盤アヤナミレイからシンジへ、そしてシンジからゲンドウへと。

ものを渡し受け取るシーンを完全に描くためには必ず互いの手を描かなければならない。だがS－DATの受け渡しはいつもよそよそしかった。最後ゲンドウに手渡すその手は先に「綾波」がシンジに誘い、その心を溶かした握手によく似ている。シンジは『破』で綾波に向かってめいっぱい伸ばして以来、自ら差し出すことをためらってきたのだが、ついに父に手を、彼の忘れ物を返すため差し伸べる。贈り物の中身はそれほど重要ではない。むしろ贈る手が重要であり、その手は描かれ、遅延した贈与はようやく成就を迎える。ミサトから受け取った槍を両の手で祈るように包み込むシンジを見て、ゲンドウは電車から降りる。物語から降りる。

ミサトもまた贈り物を贈り直す。彼女は旧劇場版で「大人のキス」をシンジに押し付ける。上からまだ背の伸びきっていないシンジに唇を押し付ける。シンジは唐突に贈られたキスとミサトの死を受け入れられずに立ちすくむ。

マイナス宇宙に至る直前、鈴原サクラに奇しくも旧劇場版と同じ場所を撃たれたミサトを今回はシンジが抱きしめる。ぐったりとしゃがみ凭《もた》れたミサトに膝をつき、目線を交わす。いままでの彼女を労い、和解するために。旧劇場版でシンジの両掌に刻まれた聖痕は要らないままに、誰もが持つ微細なメシア的な力を手にしたシンジの手はさりげない仕方でカメラに収められている。ミサトをそっと抱き止める。

　シンジは他人に何かを与えられる力を得たのであり、他人から与えられたものを受け取る力を持った。贈与とはつねに能動し、受動することの対になる力なのだ。その力はまずこの手に象徴的に宿っている。これはこのアニメーションを作った数多くのアニメーターたち自身の自負だ。アニメーションとは手の魔法であり、世界は手によって変えられることができる、と。

V　身体と声

　エヴァンゲリオンで女性の身体は執拗に描かれてきた。ウルトラマンのコスチュームのようにフェティッシュな欲望を誘うタイトなプラグスーツを着た女たち。『シン』で、描かれるキャラクタの身体は自律性を取り戻し始める。

　冒頭パリ市街戦のカット、北上ミドリの臀部が左画面を占め、その向こうに解読班が覗く、あるいはパートA冒頭、眠れない下着姿のアスカが何度も寝返りを打つ、ケンスケの家で裸のアスカが立っている。女性の身体は画面を彩るデコラティブな官能性を漂わせるというより、ただそこにかくかくしかじかの曲線と体積を持った何かがある、という存在の印象を引き出す。マリは猫のようにシンジに胸を押し付け、アニメーションは弾力を強調する。男たちの身体は真っ直ぐに、しゅっと画面を縦に切り分けるが、対して、女たちは見切れながら曲線をテーマに画面を覆う。身体は世界を切り分け、覆うモチーフになる。

　身体がもっとも存在感を増すのは、『シン』の最後、真っ青な海辺で補完されるアスカとシンジの別れの時。その前の一度目の別れのシーンではシンジへの過去の告白を終え和解を済ませたあと「私が先に大人になっちゃった」と謝るように別れを告げた。いま、14年の時を越えて、14歳のシンジと14歳のアスカが出会う瞬間、二人の若々しい友情と親愛のグラデーションが波のように形をなして去っていく。無数に身体を生み出された式波シリーズの一人であるこのアスカは、年齢を取り戻していく。オレンジのアイシャドウや、唇に明るい色を引いて、身体は時間を取り戻してしまったのか妙にぴっちりして（あるいはキューティーハニーめいて）ところどころ破けたプラグスーツをまとってアスカは相応の年齢を重ねた28歳ほどの身体になる。

　身体のイメージには時間性と存在感が仮託される。しかし、それらの身体はアニメーションにおいては老いることがない。だが、『シン』には声の老いを感じさせるキャラクタたちが現れ続ける。船長としてヴンダーとともに単身捨て身の攻撃を行い「ほんと、勝手な男」とぼやくミサトの声には、時間の重なりが響いていて、その時間にわたしたちは一瞬聴き入る。

　わたしたちは老いることができる。変わっていってしまえる。アニメーションではいくらでも回復できる身体とは違い、演者の声は時間を巻き戻さない。虚構性を生み出す源泉であるその声の変化にわたしたちは現実性の確固たる証拠を見出さずにはおれない。一抹の寂しさと、時間の厚みそのものを喜ぶような素直な気持ちを一緒にして。

終

ゲンドウ、アスカ、カヲル、レイ。すべての人々の補完が一段落してしまい、青い海辺で一人、風を受けているシンジは、次第に原画に還っていく。フィクションは終わり、物語がそこで終わりそうになる瞬間、青い海から出てくるマリ。波がシンジを洗い、そして彼女が海に飛び込むことで世界は色づき始める。最後に手を伸ばすのはマリであり、彼女がもう一度フィクションを続ける力を与える。その同じ手がシンジを現実へといざなう。

世界は生まれ変わり、現代の駅のホーム、線路が映される。『破』のゼルエル戦前に差し伸べられたのとは逆に、マリの手を引いてシンジが宇部新川駅のホームを出ていくと、空撮ドローンらしいカメラが街の全景を映し出していく。実写映像に３Ｄモデルの人間たちが歩くリアリティを、アニメ的美化も施されていない街を散文的に映す。ゆっくりと駅から引いて旋回しやがて遠くで小さく光る瀬戸内海を見晴かす。

以前はエヴァを観ているオタクたちにオタクたちを見せつける鏡だったスクリーンは、今回、現実の窓になる。この映画中もっとも緊張感のないぼうっとしたカメラショットは、旧劇場版を忘れられない人々が期待する絶望のポエジーとは可能な限り隔たったものになっている。虚構性を跨ぎ超えるように、現実の俳優として生きる神木隆之介のシンジが最後のシンジとなるように。ここでも、キャラクタはフィクションの世界から現実に引き戻される。「これは神木隆之介だ」と分かってしまう。

エヴァンゲリオンはテーマ性と謎によって人々を惹きつけた。惹きつけ、フィクションの世界へと迷い込ませる。その向こうに何かがあるのではないかと。

それを織りなすのは、並列する雄弁な音楽たちとこのモノアイのカメラであり、口のない語り手だろう。このまなざしと耳に色濃いテーマ性がある。リズミカルな専門用語はむしろ音楽的な謎であり、観客に脳の痺れを与えるマッサージ機である。謎はエヴァンゲリオンシリーズの屋台骨というより、ハモリのように物語に節をつける。

言葉のリズムを支えるように本作には時空間のリズムが打ち立てられている。現実と虚構、大人と子ども、男と女、過去と未来。断絶する出来事のまさに断絶を描いた映画作品。アニメーションならではのカメラ、時間、キャラクタの動き、虚構性といったメディウムを多用したハモニカルな作品。このまなざしと耳の向こうに現実の続きがあり、それをわたしたちは想像しなければならない。その試みがこの小文であればいいと思っている。

作品を観終え、流れる長いスタッフロールの人々の名前を読みながら、リズムはだんだんと散文的な日常へと融解していく。この世界はまだ続いていて、わたしはこれからたくさんのことをしなければならないような、そうしたすがすがしい期待と焦りに急き立てられている。エヴァのない世界になってしまった。何を誰に手渡し、動いていけるだろうか？　わたしはどんな現実を作っていけるだろうか？[2]

註

1　大まかな時間配分は以下。パート／内容／タイミング／長さ。――これまでのエヴァンゲリヲン新劇場版／00:00-00:03／3分、アバンタイトル1／パリ市街戦／00:03-00:12／10分、アバンタイトル2からAパート／第3村／00:12-00:56／44分、Bパート／再びヴンダー／00:56-01:03（タイトル：Thrice Upon a Time）／7分、Cパート／ヤマト作戦／01:03-01:41／38分、Dパート／マイナス宇宙／01:41-02:23／41分、エンディング／宇部新川駅／02:23-02:25／2分、エンドロール／One Last Kiss-Beautiful World／02:25-02:34／9分。

2　この文章は次の人々との会話の中で書かれた。新井静、今井祐里、柏木純子、瀬尾浩二郎、寺尾優希、Ridwan Yuri。ここに感謝する。

著者一覧

五十嵐太郎（いがらし・たろう）
１９６７年生。建築史、建築批評。著書に『現代建築に関する16章』『日本建築入門』『建築の東京』など多数。

久保豊（くぼ・ゆたか）
１９８５年生。映画研究者。編著書に『Inside/Out――映像文化とＬＧＢＴＱ＋』。ほか、『キネマ旬報』『ユリイカ』などに寄稿。

近藤銀河（こんどう・ぎんが）
１９９２年生。アーティスト、ライター。『ユリイカ』『ＳＦマガジン』などに寄稿。

斎藤環（さいとう・たまき）
１９６１年生。精神科医。著書に『戦闘美少女の精神分析』『承認をめぐる病』『まんが　やってみたくなるオープンダイアローグ』など多数。

最果タヒ（さいはて・たひ）
１９８６年生。詩人。著書は『死んでしまう系のぼくらに』『きみの言い訳は最高の芸術』など。初めてエヴァを見たのは９歳の秋。

坂口将史（さかぐち・まさし）
１９９１年生。マンガ研究、特撮研究。論文に「成田亨がキャラクターデザインにもたらしたもの」など。

高島雄哉（たかしま・ゆうや）
１９７７年生。小説家、ＳＦ考証。著書に『ランドスケープと夏の定理』『青い砂漠のエチカ』『アニメのＳＦ考証家が描く未来のカタチ』など。

照沼健太（てるぬま・けんた）
１９８４年生。編集者、ライター、写真家。音楽・カルチャー・広告などの分野におけるコンテンツ制作全般を行う。

難波優輝（なんば・ゆうき）
１９９４年生。美学者、批評家。共編著に『ＳＦプロトタイピング』。ほか、『ユリイカ』『フィルカル』『ＳＦマガジン』などに寄稿。

西田藍（にしだ・あい）
１９９１年生。アイドル、エッセイスト、書評家。『ａｎａｎ』『ユリイカ』『ＳＦマガジン』などに寄稿。

藤田祥平（ふじた・しょうへい）
１９９１年生。小説家、ライター。著書に『電遊奇譚』『手を伸ばせ、そしてコマンドを入力しろ』。ほか、「ＩＧＮ Ｊａｐａｎ」『ユリイカ』などに寄稿。

伏見瞬（ふしみ・しゅん）
１９８５年生。批評家、ライター。批評×旅行誌『ＬＯＣＵＳＴ』編集長。『ユリイカ』「現代ビジネス」などに寄稿。２０２１年秋に初の単著を刊行予定。

ふぢのやまい
１９９４年生。マンガ研究者、マンガ家、ライター。編著書に『「百合映画」完全ガイド』、ＺＩＮＥ『霊障』。

松下哲也（まつした・てつや）
１９８１年生。近現代美術史、キャラクター表現論。著書に『ヘンリー・フューズリの画法』。ほか、『ユリイカ』『ゲンロン』などに寄稿。

『シン・エヴァンゲリオン』を読み解く

河出書房新社編集部・編

2021年6月20日 初版印刷
2021年6月30日 初版発行

発行者 小野寺優
発行所 株式会社河出書房新社
〒151-0051
東京都渋谷区千駄ヶ谷2-32-2
電話 03-3404-1201（営業）
03-3404-8611（編集）
https://www.kawade.co.jp/

組版 株式会社キャップス
印刷・製本 株式会社暁印刷

Printed in Japan
ISBN978-4-309-29146-8